W. Buchenberg

Kritik der Sowjetwirtschaft

Zur Politischen Ökonomie der Sowjetunion

Die Buchmacherei

Geringfügig überarbeitete Neuauflage der Fassung von 2003

Die Buchmacherei
Postfach 61 30 46, 10964 Berlin
http://diebuchmacherei.de
1. Auflage: April 2020
Satz & Gestaltung: Jochen Gester
Druck: SDL Digitaler Buchdruck, Berlin

ISBN 978-3-9820783-5-9

Cover: Kreative Bearbeitung von
Jakow Tschernichows (1899 - 1951)
„Architekturphantasien“

Inhalt

Vorwort zur Neuherausgabe

Neben den Veröffentlichungen von Historikern und Politologen über die Entwicklung des Sozialismus gibt es auch immer wieder politische Aktivisten von außerhalb des Wissenschaftsbetriebes, die auf Grundlage ihrer Erfahrungen ihre Überlegungen niederschreiben. Denen mag es an wissenschaftlicher Akribie mangeln, nicht aber an politischer Kraft.

Wal Buchenberg arbeitet hier eigenwillig und mit intellektueller Redlichkeit einen Teil der Geschichte auf, die bei ihm wie bei so vielen anderen Linken zu schwerer Enttäuschung geführt hat, und bietet Erklärungen an. Ergebnis, wie er selbst sagt, eines schmerzhaften Prozesses der Selbstklärung und des Aufräumens mit den eigenen Illusionen. Er behandelt die historische Herausbildung des sowjetischen Systems und untersucht die Funktionsweise von Produktion, Zirkulation, Distribution und Akkumulation unter Zugrundelegung Marxscher Maßstäbe, an denen er festhält und die verdeutlichen, dass das sowjetische System sozialistischen Ansprüchen nicht genügen konnte. Buchenberg unterscheidet sich damit wohltuend von zahlreichen unserer Ex-GenossInnen, denen beim Ämterbekleiden, Lohnschreiben und Politikmachen die Grunderkenntnisse wegschrumpfen, die aus Enttäuschung zum Gegner überlaufen oder sich der bürgerlichen Historikerzunft anbiedern. Als hochgebildeter Marxist hat Buchenberg eher seinen Lebensweg nach seinen Überzeugungen ausgerichtet als seine Überzeugungen nach seinem Lebensweg. Nach seinem Berufsverbot als Lehrer wurde er Werkzeugmacher und betrieblicher Aktivist. Auf seinem „Marx-Forum“, im Internet kann man unter anderem seine Kurzfassung des Marx'schen Kapital[1] herunterladen, und das sogar in Audio-Dateien.

Auch wenn die hier vorliegende Untersuchung in ihrer zweiten Fassung bereits 2003 abgeschlossen war[2] – Buchenberg sagt, er sei mit dem Thema durch – und nicht auf den neueren Stand der Forschung eingehen kann, so verdient sie es als selbständiger Denkansatz doch, in die Debatte wieder einzufließen – in eine Debatte, die der gesamten Linken noch lange Zeit Anstrengungen abverlangen wird: die gewaltigen Massenverbrechen der stalinistischen Entgleisung, der russischen Zwangsindustrialisierung haben zwar mit Kommunismus nichts zu tun, bleiben aber ewige Hypothek, hatten sie doch ihren Ausgangspunkt in der sozialistischen Bewegung. Auch wenn eine gemeinwirtschaftliche Umwälzung in hochentwickelten kapitalistischen Ländern nur von einer breiten Massenbasis vollzogen werden kann und die Wiederholung eines derartigen Terrorregimes wie des Stalinschen deshalb fast unmöglich erscheint, so ist doch extreme Wachsamkeit angesagt: die Verselbständigung zur Parteidiktatur und dann zur Alleinherrschaft

1 Wal Buchenberg [Hg.] Karl Marx, Das Kapital. Kurzfassung aller drei Bände, Berlin 2002
2 Wal Buchenberg, Was Marx am Sowjetsystem kritisiert hätte, Berlin 2003

hat nicht nur Millionen von angeblichen und wirklichen „Regimegegnern" das Leben gekostet – auch die konkurrierenden Revolutionäre, die sich anfangs zum Teil mit an der Macht berauschten, wurden ausgerottet. Stalin hat wohl mehr Kommunisten umgebracht als Hitler. Es muss ein sozialistischer Rechtsstaat sein, den wir anstreben – alles andere ist nicht nur unmoralisch, sondern auch tödlich.

Buchenberg erklärt die sowjetische Entwicklung aus den ökonomischen Zwängen einer isolierten nationalen Industrialisierung, die hundert Jahre ursprüngliche Akkumulation im Raketentempo nachholen musste und/oder wollte – die Gewaltigkeit dieser Aufgabe, die winzige Zahl ihrer Träger in einer weitgehend ungebildeten Bauerngesellschaft war Ausgangspunkt von Sklavenarbeit, Diktatur und Massenterror. Damit unterscheidet sich seine Analyse von allen Theorien, die einen Sieg der Konterrevolution als Ursache der Gewaltherrschaft sehen wollen. Die ökonomische Funktionsweise des Systems, das sich dabei herausgebildet hat, beschreibt Buchenberg im Rückgriff auf die Marxschen Kategorien und stellt den Unterschied heraus: nicht der Kaufakt Geld gegen Ware bringt Arbeitskräfte und Produktionsmittel zusammen, sondern die Direktive der Planungsbürokratie weist sie dem Betrieb zu. Es findet somit keine Mehrwertproduktion zur Profiterzeugung statt, sondern die Verwendung des Mehrprodukts zur Akkumulation von Produktionsmitteln ist Ziel, Funktion und Existenzberechtigung der Zentralplaner. Damit stellt Buchenberg klar, dass dies keine Kapitalakkumulation darstellt und diese Gesellschaft keine kapitalistische sein kann – und die herrschende Planungsbürokratie keine Bourgeoisie.

Buchenberg ist – wie so viele – beim Ausklang der Studentenbewegung in die leninistische Falle getappt. Das „Hineintragen des sozialistischen Bewusstseins in die Arbeiterklasse" – ein, wie Rosa Luxemburg schon 1904 wusste[3], unmöglicher Vorgang – schien den Intellektuellen eine eigene, besondere Bedeutung zuzuweisen. In der maoistischen Variante war auch keine Identifizierung mit dem grauen bürokratischen Ostblock verlangt. Als der leninistische Ansatz scheiterte, ließ Buchenberg sich als Deutschlehrer nach China vermitteln. Auch in China fand er den „sozialistischen Menschen" nicht, und der Schleier des Trugbildes begann sich zu lüften. Zur Selbstklärung erarbeitete er – noch in China – die erste Version der vorliegenden Schrift zur Kritik der ökonomischen Prozesse und stützte sich dabei auf verfügbare Literatur zu Russland[4], denn sein Chinesisch reichte zum Studium der chinesischen Entwicklung nicht aus. Seine Arbeit verfasste er aber so, dass sie auch als Kritik der chinesischen Verhältnisse gelesen werden konnte. Die angebahnte Veröffentlichung in China wurde deshalb von oben gestoppt.

3 Siehe Rosa Luxemburg, Organisationsfragen der russischen Sozialdemokratie, in: RL gesammelte Werke, Band 1/2, Berlin 1970

4 Von der er eine Menge verarbeitet hat, siehe Literaturverzeichnis

Buchenbergs chinesische „Eierschalen" machen sich noch an einem Punkt bemerkbar: er hält das Wettrüsten der Sowjetunion mit den USA für überflüssig und erklärt es aus dem Streben der Direktivplaner nach Machterhalt – China sei seinen Weg auch ohne Hochrüstung gegangen. Hier schimmert noch die maoistische Theorie vom „sowjetischen Sozialimperialismus" durch. Dass China sich unter dem Rüstungsschirm der Sowjetunion befand, kommt meiner Meinung nach dabei zu kurz.[5] Die Truman-Doktrin von 1947 sah die Eindämmung des Kommunismus vor und kann natürlich als Reaktion auf die militärbasierte Ausbreitung des sowjetischen Systems interpretiert werden. Nur: hätte sich die Sowjetunion noch nach Prinzipien des Internationalismus verhalten können (Befreiung der feindlichen Länder vom Faschismus, Ermöglichen einer selbständigen Machtübernahme der Arbeiterklasse und dann Rückzug) – da sie sich von einem sozialistischen Projekt zu einer nationalistischen Industrialisierungsdiktatur gewandelt hatte, konnte sie das nicht –, hätte sich dann auch die Vormacht des internationalen Kapitals mit dem Verlust so riesiger Gebiete abgefunden?

Die Frage ist heute müßig und für Buchenbergs Analyse auch nicht entscheidend. Seine Beschreibung der Funktionsweise der Planungsbürokratie – bzw. ihrer Nichtfunktionsweise – erklärt schlüssig ihre abgehobene Stellung in der Gesellschaft. Ob man sie nun wie Buchenberg als eigene Klasse definiert, da ihr ja niemand die Verfügungsgewalt über die Produktionsmittel und das Mehrprodukt streitig machen konnte, als „Quasi-Klasse" oder nur als eigene „Schicht", in die man aufsteigen konnte, ist dabei letztlich zweitrangig. Es ist das Eigeninteresse der Direktivplaner, das nach Buchenbergs Analyse zu überproportionalem Anwachsen der Produktionsmittelindustrie und der Rüstungsproduktion führt, während die Arbeiterklasse ein Interesse an der Zunahme des teilweise nach Marktgesetzen funktionierenden Konsumgüterangebots entwickelt. Diese Arbeiterklasse kann aus ihrer unterdrückten und atomisierten Stellung heraus zu keinem kollektiven Widerstand in Richtung einer Selbstverwaltung der staatlichen Betriebe finden, und so bleibt das System im Dauerkrisenmodus und bis zur Implosion ausweglos gefangen in den Egoismen und Gegensätzen von Betriebsleitungen versus Zentralplaner, Werktätige versus Betriebsleitung, Planerfüllung versus technische Neuerungen, Ressourcenhortung versus Ressourcenmangel, sowie den sich gegenseitig verschärfenden Störprozessen aus stockender Zulieferung, Qualitätsmängeln, Verschwendung, Leerlauf und Stoßproduktion, und dem Überborden der

5 Das sowjetische Atomprogramm wurde nach Hiroshima und Nagasaki beschleunigt, die erste russische Atombombe wurde im August 1949 gezündet. Als die chinesische „Freiwilligenarmee" im Koreakrieg im Januar 1951 die US-Truppen zurücktrieb, verlangte General MacArthur den Abwurf von 34 Atombomben auf chinesische Städte – Präsident Truman lehnte ab.

einzuhaltenden Kennziffern, die die zentrale Planung immer mehr unmöglich machen. Da dieses System den Entwicklungsanforderungen einer modernen Gesellschaft nicht genügen kann, erstickt es schließlich an seiner Ineffektivität, nachdem es seine Aufgabe, eine nichtkapitalistische Industrialisierung in einer agrarisch geprägten Gesellschaft durchzusetzen, erfüllt hatte. Nach Buchenbergs Ansicht macht dieses System eine eigene geschichtliche Formation aus, die weder kapitalistisch noch sozialistisch ist, mit den Direktivplanern als herrschender Klasse.

Ohne die Veröffentlichungen beispielsweise von Marcel van der Linden oder Hillel Tiktin[6] zu kennen, kommt Buchenberg zu ähnlichen Ergebnissen: ohne eine Arbeiterdemokratie, die das gesellschaftliche Interesse durchsetzt, ohne massenhaftes solidarisches Engagement der Produzenten in der Steuerung einer vergesellschafteten Wirtschaft auf moderner Grundlage ist Planwirtschaft unmöglich. Damit schließt sich der Bogen: Rosa Luxemburg hatte dargelegt, dass Sozialismus nur in Massenaktionen erkämpft, durchgesetzt und eingerichtet werden kann. Er kann auch nur als Massendemokratie funktionieren.

Längst lebt die übergroße Mehrheit der Gesellschaft von Lohnarbeit, längst hat das Bildungsniveau einen Grad erreicht, der eine Selbstverwaltung der Gesellschaft möglich machen würde, längst haben sich die allermeisten Kapitalbesitzer aus den Leitungsfunktionen in den Freizeitgenuss zurückgezogen. Engels schrieb 1882: „... die Abschaffung der gesellschaftlichen Klassen ... hat also zur Voraussetzung einen Höhegrad der Entwicklung der Produktion, auf dem Aneignung der Produktionsmittel und Produkte und damit der politischen Herrschaft, des Monopols der Bildung und der geistigen Leitung durch eine besondere Gesellschaftsklasse nicht nur überflüssig, sondern auch ökonomisch, politisch und intellektuell ein Hindernis der Entwicklung geworden ist."[7]

Dieses Hindernis der Entwicklung sehen wir heutzutage deutlich z.B. in der Beschränkung des Wissensaustausches durch die Unternehmensinteressen – man verheimlicht dem Konkurrenten seine Entwicklungsgeheimnisse – in der Einkastelung des Denkens und der politischen Entscheidungen in den Rahmen der Profitmöglichkeiten der Privatunternehmen: in den immer wiederkehrenden Debatten über Standortfragen bekommen wir tagtäglich eingeschärft, dass unser Wohl und Wehe von den Aktienkursen, Steuerquoten und den Profiten der kapitalistischen Investoren und Spekulanten abhängt. Das Kapital wirkt als Gespenst: es lenkt und entscheidet alles von seinen Luxusvillen, Privatjets und Luxusjachten aus per Netzwerk, Handy, voreilendem Gehorsam und Lobbyknecht, aber niemand sieht es.

---

6 Siehe u.a. in Marcel van der Linden (Hg), Was war die Sowjetunion?, Wien 2007

7 Friedrich Engels, Die Entwicklung des Sozialismus von der Utopie zur Wissenschaft, MEW 19, S. 225

Die internationale Konkurrenz wird als unantastbar und ewig betrachtet: statt gemeinsam die Sozialstandards höher zu schrauben, konkurrieren sich die Staaten nieder im Wettbewerb um die niedrigsten Lohnkosten und in der Servilität vor den Investoren. Nur gemeinsame Aktionen der Lohnabhängigen vieler Länder können dagegen einen Schutzwall bilden. In vielen Bereichen wird den Herrschenden schon lange ansatzweise die Verfügungsgewalt über ihre Unternehmen und sonstigen Produktionsmittel streitig gemacht, so in den gewerkschaftlichen Auseinandersetzungen, in den Beschränkungen der Produktion im Interesse der Allgemeinheit (Kernenergie, Lebensmittelgifte, Luftverschmutzung) – und die Klimabewegung klopft an die Tür der Systemfrage. Das Gesundheitssystem, die Automobilindustrie und die Energiewirtschaft schreien schon länger nach gemeinwirtschaftlicher Umgestaltung. Ob ein System, das chaotische Überproduktion erzeugt, das sich nur noch durch Finanzspekulationen aufrecht erhalten kann und schon durch ein Virus weltweit ins Wanken gerät, auch den nächsten Kriseneinbruch noch überlebt, – ob die Masse der arbeitenden Bevölkerung die Herrschaft des Kapitals in einem zweiten geschichtlichen Anlauf stürzt oder die Ursache des Elends weiterbestehen lässt und mit der Bereinigung bis nach der nächsten Menschheitskatastrophe wartet, kann von keiner Partei stellvertretend entschieden werden. „Revolutionen werden nicht von einer Partei gemacht, sondern von der ganzen Nation", so Karl Marx 1878.[8]

Klaus Dallmer, im Februar 2020

8 Interview der „Tribune" mit Karl Marx, MEW 34, S. 514

1. Arbeitskraft und Produktionsmittel in der Sowjetwirtschaft

Die Meinung ist verbreitet, dass die russische Oktoberrevolution 1917 in einem rückständigen Land ohne Entwicklungsdynamik stattgefunden habe. So schrieb z.B. Iring Fetscher: *„Ökonomisch war Russland ein weithin rückständiges Land. Es gab lediglich Anfänge eigener Industrien (vor allem in der Nähe von St. Petersburg), die allerdings in modernen und stark konzentrierten Großbetrieben bestanden. Ein großer Teil dieser industriellen Anlagen gehörte ausländischen ‚Kapitalisten'. Grundlage der Volkswirtschaft war die landwirtschaftliche Produktion..."* [1]

Das DDR-Schulbuch[2] stellte es nicht anders dar: *„In den Jahren nach 1907 stieg zwar die industrielle Erzeugung Russlands rasch an. ... Doch im Tempo der industriellen Entwicklung blieb Russland noch immer hinter den anderen kapitalistischen Großmächten zurück. Der Anteil der Industrie an der Gesamtproduktion betrug 1913 nur 42,5 Prozent, während der Anteil der Landwirtschaft 57,5 Prozent ausmachte. Russland war ein Agrarland geblieben, in dem 76 Prozent der Bevölkerung von der Landwirtschaft lebten."*

Tatsächlich war das zaristische Russland zwar sehr ungleich entwickelt, aber seine Wachstumszahlen lagen – anders als es das DDR-Schulbuch behauptet – mindestens seit 1900 über den Vergleichszahlen der westeuropäischen Länder. Trotz des schweren Krisenjahres 1905 erreicht die russische Volkswirtschaft von 1900 bis 1913 ein durchschnittliches Jahreswachstum von fast 5 Prozent gegenüber 2 Prozent der meisten kapitalistischen Länder.[3] An seiner Wirtschaftskraft gemessen lag Russland 1910 an 10. Stelle in der Welt und war 1917 mindestens so weit entwickelt wie die westeuropäischen Länder 50 Jahre zuvor, als dort Marx und Engels für eine Revolution zur Abschaffung von Kapital und Lohnarbeit eintraten [4].

Die russische Industrie war vor der Revolution 1917 für damalige Verhältnisse hochmodern, weil sie zum großen Teil importiert war. Im Jahr 1912 stammten 57 Prozent aller Anlagen aus dem Ausland. In ausländischem Besitz waren 1915 noch rund 33 Prozent. Vor allem die Ölindustrie gehörte vorwiegend zu ausländischem Kapital.[5]

Abgesehen von der Ölindustrie konzentrierten sich die Großbetriebe – oft Rüstungs- und Eisenbahnbetriebe – auf den Raum von St. Petersburg, Moskau, das russische Polen und die Ukraine. Das sonstige Land war beherrscht vom kleinen Handwerk und der Landwirtschaft. Kleine Handwerksbetriebe beschäftigten im Jahr 1915 rund 67 Prozent aller Arbeiter oder 5,2 Millionen von insgesamt 7,76 Millionen Arbeitern bei einer Gesamtbevölkerung von rund 165 Millionen.[6] Wenn auch die Landwirtschaft überwog, wiesen die

Industriezentren doch eine beachtliche Wirtschaftsdynamik auf. Eine antikapitalistische Revolution der Arbeiterklasse musste, wenn sie die Bauernmasse als Verbündete gewann, nicht von vornherein aussichtslos erscheinen.

1.1. Arbeitskraft als Ware?

Jedes Wirtschaften besteht aus dem Zusammenwirken zweier Elemente: dem sachlichen Element der Produktionsmittel (Boden, Gebäude, Arbeitsgerät, Arbeitsmaterial etc.) und dem persönlichen Element der Produktion: den Produzenten. Damit überhaupt etwas produziert werden kann, müssen sich diese beiden Produktionselemente verbinden. An der speziellen Art dieser Verknüpfung kann und muss man die verschiedenen ökonomischen Epochen voneinander unterscheiden.

Ich setze als gegeben und bekannt voraus, dass in der kapitalistischen Wirtschaft sachliche und persönliche Produktionselemente zwei geschiedenen Personenkreisen zugeordnet sind: Die sachlichen Elemente der Produktion, die Produktionsmittel, sind – wenn nicht ausschließlich, so doch überwiegend – privates Eigentum der Kapitalisten. Die wirklichen Produzenten, die Lohnarbeiter, verfügen über keine Produktionsmittel, aber über ihre Arbeitskraft. Was beide Elemente verbindet, sind Kaufakte des Kapitalisten, der sowohl Produktionsmittel wie Lohnarbeit auf den jeweiligen Märkten einkauft.

Wie anders hat die Sowjetwirtschaft die Verknüpfung von Produzenten und Produktionsmitteln bewerkstelligt? Das ist die erste Fragestellung.

1.1.1. Betriebliche Selbstverwaltung der ersten Revolutionszeit

Einige moderne Großbetriebe in einem Meer von kleinen „Krautern", das war das Erbe, das die russischen Arbeiter 1917 von den in- und ausländischen Kapitalisten übernahmen. Die „Verknüpfung der Arbeiter mit den Produktionsmitteln", war zunächst einfach: Seit Frühjahr 1917 besetzten die Arbeiter immer mehr Großbetriebe und organisierten dort Arbeiterräte. Die Arbeiterräte beaufsichtigten teils die Geschäftsleitungen, teils übernahmen sie selber die Geschäftsführung. Diese „spontane" Übernahme der Betriebe durch die Arbeiter wurde durch ein Dekret der Revolutionsregierung vom 27. November 1917 weniger bestätigt und legalisiert als beschnitten und gebremst.

Das Dekret befasste sich mit der „Arbeiterkontrolle". Das russische Wort ‚kontrol', das Lenin häufig in Verbindung mit „Arbeiterkontrolle" gebrauchte, hatte anders als im Deutschen oder Englischen nur die Bedeutung von

„jemanden/etwas überprüfen/beaufsichtigen" entsprechend dem englischen Fachwort „Controlling". „Kontrol" hatte nicht die andere deutsche Bedeutung von „kontrollieren = über etwas/jemanden die alleinige Macht ausüben; etwas/jemanden beherrschen".

In diesem Dekret wurde zum Unternehmensmanagement festgelegt, dass die Arbeiterräte „aktiv in alle Bereiche der betrieblichen Produktion und Verteilung eingreifen" können. Sie bekamen das Recht, die „Produktion zu überwachen" und konnten „Mindestausstoßziffern" festlegen und sollten alle „Buchungszahlen und Daten" ihres Unternehmens einsehen dürfen.[7] *„Verfügungen und Aktivitäten der Unternehmensverwaltung bzw. des Unternehmers ... können ohne Informierung und Zustimmung des Fabrikkomitees der Arbeiter nicht wirksam werden."* [8]

Mit diesem Regierungsdekret besaßen die russischen Arbeiter also neben Informationsrechten auch ein Vetorecht und damit weitergehende betriebliche Rechte als die Arbeiter in irgendeinem kapitalistischen Land der Welt je hatten. Aber die russischen Arbeiterräte bildeten mit all diesen verbrieften Rechten nur einen starken „Betriebsrat". Juristisch gesprochen stellten diese Arbeiterräte weder die Betriebsleitung noch den Aufsichtsrat in ihren Unternehmen. Die Arbeiter sollten nach dem Willen der Regierung ihre Unternehmensleitungen zwar beaufsichtigen, aber nicht selber diese Leitung ausüben oder eigene Leitungen einsetzen. Die Leninsche Arbeiterkontrolle war nichts als eine weitgehende Arbeiter-Mitbestimmung. Aber selbst davon blieb später nichts übrig.

Dass Lenin und die Bolschewiki keine wirkliche Arbeiterselbstverwaltung wollten, kann man an der Auseinandersetzung zwischen der bolschewistischen Regierung und der Eisenbahnverwaltung genau verfolgen. Die Eisenbahnen wurden seit der Revolution von der Eisenbahnergewerkschaft geleitet, also tatsächlich von den Arbeitern selbst verwaltet. Diese Selbständigkeit und Selbstbestimmung der Eisenbahnarbeiter geriet ständig in Konflikt mit der Entscheidungshoheit und den Plänen der Regierung. Dies umso mehr, als der Eisenbahntransport im weiß-roten Bürgerkrieg zum kriegsentscheidenden Faktor wurde. Es kam erst zu Verhandlungen zwischen Regierung und Eisenbahnergewerkschaften, dann zu Drohungen gegen die Eisenbahner, schließlich wurden die Gewerkschaften entmachtet und die Eisenbahnarbeiter von Trotzki im März 1918 insgesamt unter Kriegsrecht gestellt. Ihnen wurden Erschießungen angedroht, wenn sie nicht den Befehlen von Trotzki und der Regierungskommissare folgten.

Die Beseitigung der Arbeiterselbstverwaltung durch Lenin, Trotzki und die Bolschewiki war jedoch nicht einfach böser Wille oder ideologische Verbohrtheit. Ganz im Gegenteil. Die russischen Arbeiterräte und Arbeiter-Selbstverwaltungsorgane waren zwar – ähnlich wie die deutschen Arbeiter nach Ende des Zweiten Weltkriegs – in der Lage, die Produktion in ihren Betrieben selbständig wieder in Gang zu bringen, aber wegen der unentwickelten Infrastruktur waren sie nicht ohne weiteres in der Lage, zwischen den einzelnen Unternehmen eine sinnvolle wirtschaftliche Koordination herzustellen. Lenin und die Bolschewiki führten nur aus, was ihnen die ökonomischen Notwendigkeiten diktierten.

Weil Geld durch zaristische Kriegsverschuldung und Inflation wertlos geworden war, arbeiteten die selbstverwalteten russischen Unternehmen fast nur „auf Gegenseitigkeit", das heißt jede Betriebsbelegschaft lieferte zunächst an solche Betriebe, die im Gegenzug ihr etwas liefern konnte, wofür sie Bedarf hatte. So brauchte vielleicht eine Topffabrik Kohlen, aber die Belegschaft der nächstgelegenen Kohlenzeche war schon mit Töpfen versorgt. Die brauchten aber vielleicht neue Stiefel. Daher wollten die Zechenarbeiter ihre Kohlen lieber an eine Stiefelfabrik liefern, als an die Topffabrik. Auf diese Weise entwickelte sich die russische Industrie rückwärts vom Kapitalismus zum einfachen Produktentausch. Das war freilich ein großes Hindernis für die Entwicklung der Produktion. Viele Betriebe produzierten gar nicht, und ihre Arbeiter nutzten die betrieblichen Anlagen und Rohstoffe, um in „Eigenarbeit" sich kleinere handwerkliche Produkte, wie zum Beispiel Feuerzeuge, herzustellen, die sie dann auf dem Schwarzmarkt auf eigene Rechnung verkauften. Die Arbeiterselbstverwaltung des revolutionären Russland war ohne unternehmensübergreifende Koordination nicht lebensfähig. Unter den gegebenen Bedingungen war die Arbeiterselbstverwaltung, die betriebsegoistisch nur für die Belange des eigenen Betriebes und der eigenen Belegschaft sorgte, ein Hindernis für die Entwicklung und Entfaltung der russischen Wirtschaft.

Nach Beseitigung der Eisenbahner-Selbstverwaltung wurden die Arbeiterräte in den Staatsbetrieben entmachtet. Sie sollten ab Sommer 1918 nur noch die betriebliche Umsetzung der wirtschaftlichen Entscheidungen der Wirtschaftsbehörden kontrollieren und für die *„Durchsetzung proletarischer Disziplin unter den Arbeitern und Angestellten sorgen"* [9]. Auf Drängen Lenins sollten die Betriebsleiter in den Staatsbetrieben seit Frühjahr 1918 nur noch von der Wirtschaftsbehörde und nicht mehr von ihren Arbeitern abgesetzt werden können. Die Bolschewiki setzten in den Staatsbetrieben von ihnen abhängige Betriebsleiter ein.

Das Hauptargument Lenins dafür war: *„Zur zweiten Frage, zur Bedeutung gerade der diktatorischen Macht einzelner Personen vom Standpunkt der spezifischen Aufgaben des gegebenen Moments muss man sagen, dass jede maschinelle Großindustrie – d. h. gerade die materielle, die produktive Quelle und das Fundament des Sozialismus – unbedingte und strengste Einheit des Willens erfordert, der die gemeinsame Arbeit von Hunderten, Tausenden und Zehntausenden Menschen leitet... Wie aber kann die strengste Einheit des Willens gesichert werden? Durch die Unterordnung des Willens von Tausenden unter den Willen eines einzelnen."* [10] Lenin ging in seiner Argumentation zwar von einer richtigen Voraussetzung aus, aber seine Schlussfolgerung war falsch und beweist, dass er mit der Arbeit in der maschinellen Großindustrie nicht vertraut war. Richtig ist, dass die moderne Großindustrie eine Einheit des Willens nicht nur erfordert, sondern auch schafft. Die moderne Industrie schafft „die strengste Einheit des Willens" weniger durch Unterordnung unter einen fremden Menschenwillen als durch Unterordnung unter technologische und wirtschaftliche Sachzwänge.

Karl Marx beschrieb diesen Übergang von subjektiver, persönlicher Regie des Arbeitsprozesses zur wissenschaftlich-objektiven und damit unpersönlichen Steuerung so: *„In der Manufaktur ist die Gliederung des gesellschaftlichen Arbeitsprozesses rein subjektiv.... Im Maschinensystem besitzt die große Industrie einen ganz objektiven Produktionsorganismus, den der Arbeiter als fertige materielle Produktionsbedingung vorfindet. ... Die Maschinerie, mit einigen später zu erwähnenden Ausnahmen, funktioniert nur in der Hand unmittelbar vergesellschafteter oder gemeinsamer Arbeit. Der kooperative Charakter des Arbeitsprozesses wird jetzt also durch die Natur des Arbeitsmittel selbst diktierte technische Notwendigkeit."* [11] Insofern die moderne Technologie vergesellschaftet, also arbeitsteilig und kooperativ organisiert ist, stellt sie selber den notwendigen Zusammenhang der verschiedenen Teilarbeiter zu einem ganzen Produkt her. Moderne Lohnarbeiter machen in ihrer Arbeit, was der technologische Gesamtzusammenhang erfordert. Da bedarf es keiner persönlichen Befehlsmacht. Es mag heute noch einzelne Arbeitsplätze geben, wo ein Chef seinen Untergebenen sagt: *„Heute machst du das und Sie machen das!"* Die Lohnarbeiter an einer modernen Werkstraße arbeiten aber ebenso weitgehend ohne ständige persönliche Befehle wie die Programmierer eines IT-Unternehmens.

Aus Lenins Forderung nach einem „persönlichen Regiment" spricht noch die Rückständigkeit eines patriarchalen Kapitalismus, der der Handwerkerzeit gerade entwachsen ist, und in dem ein Kapitalist tatsächlich noch über eigene produktive Kenntnisse verfügte und seinen Arbeitern ständig Anordnungen gab und geben musste. Zweifelsohne war Lenin in diesem Punkt nicht rückständiger als die wirtschaftlichen Verhältnisse seiner Zeit. Insofern hatte Lenin auch historisch recht, dass die russischen Arbeiter „die Unterordnung ihres Willens unter den Willen eines Einzigen" noch nötig hatten. Kritikwürdig wird der Sachverhalt erst, wenn man aus dieser historisch bedingten Notwendigkeit ein „sozialistisches Modell" macht.

Wenn die „strengste Einheit des Willens" nicht von sachlichen Notwendigkeiten, und – soweit es um Zukunftsfragen geht – von der freien Verständigung aller Gesellschaftsmitglieder über das, was als notwendig gelten soll, abhängt, sondern von der „Unterordnung des Willens von Tausenden unter den Willen eines einzelnen", ist der Weg schon zu einem Stalin geebnet, der aus der Not eine Tugend machte und für die ganze Gesellschaft umsetzte, was in den Fabriken von Lenin gefordert und eingeführt worden war.

[1] Iring Fetscher : Von Marx zur Sowjetideologie. Frankfurt 18. Aufl. 1973: S. 60.

[2] Geschichte. Lehrbuch für Klasse 9. Volk und Wissen, Berlin 1974, S. 12. („Das Lehrbuch wurde unter Verantwortung des Instituts für Geschichte an der Akademie der Wissenschaften der DDR entwickelt. ... Vom Ministerium für Volksbildung der Deutschen Demokratischen Republik als Schulbuch bestätigt.")
[3] vgl. Nove, Alec: An Economic History of the U.S.S.R., Harmondsworth 1972, S. 12.
[4] Durch den Zusammenbruch des Sowjetsystems ist die Sowjetunion auf den derzeit 16. Platz in der Welt zurückgefallen. 1989 hatte sie noch mit 28 % des amerikanischen Bruttosozialprodukts die dritte Stelle in der Welt hinter Japan und vor der Bundesrepublik Deutschland eingenommen.
[5] Nove, Alec: An Economic History of the U.S.S.R., Harmondsworth 1972, S. 18.
[6] vgl. Nove, Alec: An Economic History of the U.S.S.R., Harmondsworth 1972, S. 17.
[7] Zitiert nach sowjetischen Quellen bei: Nove, Alec: An Economic History of the U.S.S.R., Harmondsworth 1972, S. 49
[8] zit. nach Franz, Hermann: Herrschaft und Industriearbeit in der Sowjetunion und China. Frankfurt/New York. 1985, S. 32f.
[9] Franz, Hermann: Herrschaft und Industriearbeit in der Sowjetunion und China. Frankfurt/New York. 1985, S. 33.
[10] Lenin, Die nächsten Aufgaben der Sowjetmacht, Ausgew. Werke II, S. 762f.
[11] Karl Marx, Das Kapital I. MEW 23, S. 407.

1.1.2. Die Gesellschaft als Fabrik

Im Jahr 1919 wurde die Gesamtheit der sowjetischen Arbeiter vom 8. Parteitag der Bolschewiki unter staatliches Kommando gestellt: *„Die höchstmögliche Nutzung aller verfügbaren Arbeitskräfte..., die richtige Verteilung und Neuverteilung dieser Kräfte sowohl auf die verschiedenen Regionen als auch auf die verschiedenen Zweige der Volkswirtschaft sind unabdingbar für die Verwirklichung einer planmäßigen Entwicklung der Volkswirtschaft, was die nächste Aufgabe der Wirtschaftspolitik der Sowjetmacht sein muss."* [1].

Um diese staatliche Dienstverpflichtung der Werktätigen umzusetzen, wurden 1919 Arbeitsbücher eingeführt. Jeder Arbeiter musste in sein Arbeitsbuch Verwarnungen, Zeugnisse und Kündigungen seiner Betriebsleitung eintragen lassen. Ohne Arbeitsbuch fand er keine andere legale Arbeit mehr. Zwischen 1940 und 1956 war den Werktätigen sogar jeder freie Arbeitswechsel verboten. Gleichzeitig sollte ein innersowjetisches Passsystem den unerlaubten Zuzug in die Städte verhindern. Später wurde diese direkte staatliche Kontrolle der Bewegungsfreiheit der Werktätigen abgeschwächt, blieb aber in Form der städtischen Wohnberechtigungsscheine und dem allgemeinen Ausreiseverbot aus dem Staatsgebiet bis zum Ende der Sowjetunion spürbar.

Auch innerbetrieblich wurden Selbstverwaltung und Selbstbestimmung der Belegschaften immer stärker beschränkt. 1937 wurden die Mitbestimmungsrechte der Betriebsräte in Lohn- und Personalfragen abgeschafft und bis zum Ende der Sowjetunion nie wieder eingeführt. Ab 1937 bis 1991 wurden Zahl der Arbeiter, die Lohnhöhe und Lohnstufen in den Industriebetrieben nur noch zentral ohne jede Mitbestimmung der Betriebsgewerkschaften festgelegt.

Wir erinnern uns: Im Kapitalismus „gehören" die Lohnarbeiter nicht einer anderen Person. Sie entscheiden frei über den Ort ihrer Arbeit und ihres Lebens. Da sie jedoch weder über Lebens- noch über Produktionsmittel verfügen, sind sie gezwungen, ihre Arbeitskraft an das Kapital zu verkaufen. An welchen Kapitalisten sie ihre Arbeitskraft verkaufen, darüber können sie selber entscheiden. Sie sind nicht an einen einzelnen Betrieb, an einen einzelnen Kapitalisten gefesselt, wohl aber an die kapitalistischen Produktionsmittelbesitzer insgesamt: An irgendeinen Produktionsmittelbesitzer *muss* sich ein Lohnarbeiter verkaufen, will er nicht in Armut und von der Gnade anderer leben.

In Sowjetrussland bestimmten nicht die Arbeiter, wo sie arbeiteten, sondern die Staats- und Parteiführung.

In der Sowjetunion wurden Arbeitsbedingungen geschaffen, die den Arbeitern in der „sozialistischen Heimat aller Werktätigen" bis zuletzt weniger Freiheiten und weniger Rechte ließen, als die Lohnarbeiter im entwickelten Kapitalismus hatten.

Das DDR – „Wörterbuch der Ökonomie – Sozialismus" von 1969 erklärt[2]: *„Mit Schaffung sozialistischer Produktionsverhältnisse hört die Arbeitskraft auf, eine Ware zu sein"*, und fährt begründend fort: *„Der Staat plant den rationellen Einsatz der Arbeitskraft zum Wohle der gesamten Gesellschaft und jedes Werktätigen."* Gefragt wurden die Werktätigen nicht, ob sie das als Wohl empfanden, was die sowjetische Staatsmacht als ihr Wohl festlegte.

Im Kapitalismus sind die Lohnarbeiter, weil sie keine Produktionsmittel besitzen, an das Kapital als Klasse der Produktionsmittelbesitzer gekettet, gegenüber dem einzelnen Kapitalisten sind sie jedoch frei, sie können kündigen und sich einen anderen Kapitalisten suchen. Dass die Lohnabhängigen ihre Arbeitskraft an das Kapital verkaufen müssen, hält niemand für ein Glück. In der Sowjetunion wurde die Arbeitskraft nicht ge- und verkauft. Dort gab es nur einen einzigen Produktionsmittelbesitzer – den Staat als Besitzer aller größeren Betriebe. Also kann man mit gutem Recht sagen, dass die sowjetische Arbeitskraft keine Ware war. Aber was war sie dann?

Lenin hatte zum Auftakt der Oktoberrevolution in seinem Werk „Staat und Revolution" angekündigt: *„Alle Bürger verwandeln sich hier in entlohnte Angestellte des Staates... Alle Bürger werden Angestellte und Arbeiter eines das gesamte Volk umfassenden Staats'konzerns'.... Die gesamte Gesellschaft wird ein Büro und eine Fabrik .... sein."* [3] Und Bucharin und Preobraschenskij schrieben 1919 in ihrer Popularisierung des bolschewistischen Parteiprogramms von *„einer großen Volkswerkstätte, die die ganze Volkswirtschaft umfasst"* [4]. Wie die Arbeiter und Angestellten eines kapitalistischen Unternehmens sich innerhalb des Unternehmens nicht den Arbeitsplatz frei wählen können, so konnten sich die russischen Werktätigen innerhalb der gesamten staatlichen Industrie ihren Arbeitsplatz nicht frei wählen. Die ganze russische Gesellschaft war organisiert wie eine Fabrik.

Dass Sozialisten und Kommunisten auf die Idee kommen, die Gesellschaft als eine einzige Fabrik zu organisieren, hatte Karl Marx schon in seiner Kritik an Proudhon vorausgesehen und Marx hatte auch gewusst, wo das enden muss: *„Nimmt man die Arbeitsteilung in einer modernen Fabrik als Beispiel, um sie auf eine ganze Gesellschaft anzuwenden, so wäre unzweifelhaft diejenige Gesellschaft am besten für die Produktion ihres Reichtums organisiert, welche nur einen einzigen Unternehmer als Führer hätte, der nach einer im Voraus festgesetzten Ordnung die Funktionen unter die verschiedenen Mitglieder der Gemeinschaft verteilt.* "[5]

Wer die Gesellschaft als Fabrik organisieren will, muss bei einem „einzigen Unternehmer", der den ganzen „Staatskonzern" leitet, landen. Wird das nicht zu recht „Stalinismus" genannt? Stalin war nichts anderes und wollte nichts anderes sein, als der entschlossene „Unternehmer des sowjetischen Staatskonzerns". Er hat wirklich die „sowjetische Gesellschaft als Fabrik" organisiert. Das ist das Geheimnis des sowjetischen Sozialismus – das Geheimnis seiner unbestreitbaren Erfolge in der nachholenden Industrialisierung und Modernisierung, wie auch das Geheimnis seiner geringen Anziehungskraft für die Lohnarbeiter in aller Welt.

Die Seele dieses „Fabriksozialismus" war ein einziges zentrales Gehirn und ein einziger zentraler Wille, der alle Menschen in dem ganzen riesigen Land steuerte und beherrschte. Wer in einem Land wie Russland mit einer nur wenig gebildeten Arbeiterschaft, die anfangs nur rund 4,7 Prozent der Bevölkerung ausmachte, (Industriearbeiter 1,5%), von der nur ein geringer Prozentsatz lesen und schreiben konnte, – wer dort eine rasche und rücksichtslose Modernisierung erreichen wollte, musste so handeln.

In Russland waren anfangs alle Intelligenz und alle Entschlossenheit in dieser kleinen Führungsgruppe der Bolschewiki konzentriert. Dieses Wissens- und Entscheidungsmonopol war zunächst von den ungünstigen Umständen erzwungen, geriet aber mit dem wachsenden Bildungsstand der sowjetischen Werktätigen immer mehr in Konflikt mit den Willen und Interessen der sowjetischen Bevölkerung. Das Entscheidungsmonopol der sowjetischen Parteiführung konnte zunehmend nur noch durch Terror und das Wissensmonopol nur durch künstliche Monopolisierung aller wichtigen Informationen aufrechterhalten werden.

Daher wurden während der ganzen Zeit der Sowjetunion alle Wirtschaftsdaten für geheim erklärt. Unter Stalin war sogar das gezielte Sammeln von in den Zeitungen veröffentlichten Daten unter Strafe gestellt. Die einzelnen Sowjetbürger durften nichts gesellschaftlich Wichtiges wissen – bis die Zentrale die Entscheidungen gefällt hat. Die Sowjetbürger sollten keinen eigenen Willen, keine eigenen Kenntnisse besitzen. Die Zentrale wusste alles, die Zentrale entschied alles. Die Sowjetbürger waren nur die ausführenden Hände des planenden Parteikopfs.

Dem „einzigen Unternehmer Stalin" bzw. später dem „Unternehmerkollektiv" der sowjetischen Parteiführung stand die Masse der verplanten Sowjetbürger gegenüber. Sie wurden vom Staat zur Arbeit dienstverpflichtet, im schlimmsten Fall wie Zwangsarbeiter oder Soldaten wie unter Trotzki und Stalin, als Gefängnisstrafen und Erschießungen für Bummelei und Arbeitsverweigerung drohten. Bis zuletzt blieben die Sowjetbürger unmündige Kinder, die der Partei- und Staatsführung als elterlicher Befehlsgewalt unterstellt waren. Diese Befehlsgewalt konnte von der Partei- und Staatsführung besser oder schlechter eingesetzt werden, insgesamt waren das keine gesellschaftlichen Verhältnisse, in denen emanzipierte Menschen gerne leben wollten.

Der Moskauer Jungarbeiter Stepan Podlubnyi schrieb am 25. Januar 1935 in sein Tagebuch: *„Übrigens kam mir gerade ein Gedanke, ein Wunsch: Warum trenne ich mich nicht ganz vom Komsomol[6], schaff ihn mir vom Hals! Dann bin ich frei und unabhängig. So aber kommandiert man dich herum wie einen Diener. Treibt dich an wie einen kleinen Jungen. Und verkündet gebieterisch: 'Auf Beschluss des Komitees bist ...' usw. So ähnlich wie: ‚Im Namen des Gesetzes sind Sie ... usw. Sehr treffend hat das Kuzmic im Buch ‚Die Turbinen' beschrieben, wo er sagt: 'Über uns allen steht das ZK', das heißt, wir sind nicht Herren unser selbst.*"[7]

Haben und hatten die Lohnarbeiter in der ganzen Welt nicht recht, wenn sie diese Art von Sozialismus nicht als eine Verbesserung ihrer Lage ansahen? Ist es da verwunderlich, wenn der Einfluss der linkssozialistischen und kommunistischen Parteien unter den Lohnarbeitern der entwickelten kapitalistischen Länder seit 1920 immer mehr zurückging?

Gut ausgebildete, gesunde oder junge Arbeitskräfte, die in der Konkurrenz auf dem kapitalistischen Arbeitsmarkt gut abschnitten, zogen in der Regel kapitalistische Lohnverhältnisse der staatlichen Bevormundung im Sowjetsystem vor – erst recht, wenn starke Gewerkschaften in Westeuropa vor der schlimmsten kapitalistischen Willkür schützten.

Die Flucht aus einem „Arbeiter- und Bauernstaat" in den Westen war ebenso wenig ein Votum für den Kapitalismus, wie der Volksaufstand gegen die DDR-Regierung. Die Flüchtlinge aus der DDR konnten ebenso wenig wie die DDR-Oppositionellen hoffen, hier im Westen zu Kapitalisten zu werden. Die Flucht in den Westen und die Opposition gegen die DDR-Führung war vor allem ein Votum gegen umfassende staatliche Bevormundung und Verplanung, es war gleichzeitig ein Votum für die Risiken und Chancen kapitalistischer Lohnarbeit, für selbständige Gewerkschaften und frei gewählte Betriebsräte.

Für wen hatte dann der sowjetische Fabrik-Sozialismus Anziehungskraft? Attraktiv war dieser Sozialismus vielleicht für die Frauen mit Kindern, die Alten, Kranken oder schlechter Ausgebildeten, deren Arbeitskraft weniger qualifiziert, verbraucht oder weniger konkurrenzfähig war. Diese „kapitalistischen Verlierer" konnten und wollten sich mit dem Sowjetsystem arrangieren. Auch wer sich im Sowjetsystem Hoffnung auf einen Aufstieg in die Planerbürokratie machen konnte, zog diesen Aufstieg in die herrschende Klasse des Ostens gerne dem Lohnarbeiterdasein im Westen vor.

Linke Intellektuelle im Westen hielten sich nur zu gerne für eine Karriere in der Planerbürokratie des mächtigen sozialistischen Staatsapparats geeignet. Sie konnten sich dann als Mini-Lenins oder Möchtegern-Stalins fühlen, von deren richtiger oder falscher Entscheidung das Schicksal von Millionen abhing.

Der linksbürgerliche Schriftsteller Lion Feuchtwanger hat das in seinem Moskau-Reisebericht von 1937 offen ausgesprochen: *„Ich machte mich auf den Weg als ein ‚Sympathisierender'. Ja, ich sympathisierte von vornherein mit dem Experiment, ein riesiges Reich einzig und allein auf Basis der Vernunft aufzubauen ... Ich habe Weltgeschichte nie anders ansehen können denn als einen großen, fortdauernden Kampf, den eine vernünftige Minorität gegen die Majorität der Dummen führt. Ich habe mich in diesem Kampf auf die Seite der Vernunft gestellt, und aus diesem Grund sympathisierte ich von vornherein mit dem gigantischen Versuch, den man von Moskau aus unternommen hat."* [8]

Kann jemand, der die Vernunft in einer herrschenden Minderheit verkörpert sieht, für Selbstverwaltung und Selbstbestimmung aller Produzenten sein? Intellektueller Dünkel wird schnell zum Verbündeten einer „wohlmeinenden Diktatur" und zum Verfechter eines „aufgeklärten Despotismus". Wer nach Gründen für die Stalinverehrung westlicher Intellektueller sucht, wird hier fündig.

Keinesfalls hatte sich Karl Marx eine emanzipierte Gesellschaft als aufgeklärte Diktatur vorgestellt, die alle Gesellschaftsmitglieder der Despotie einer kapitalistischen Fabrik unterwirft. Ganz im Gegenteil: Die Sachzwänge produktiver Arbeit sollten zwar auf alle arbeitsfähigen Individuen verteilt, aber gleichzeitig für jeden Einzelnen auf ein Minimum reduziert werden: *„Wie der Wilde mit der Natur ringen muss, um seine Bedürfnisse zu befriedigen, um sein Leben zu erhalten und zu reproduzieren, so muss es der Zivilisierte, und er muss es in allen Gesellschaftsformen und unter allen möglichen Produktionsweisen.*

Mit seiner Entwicklung erweitert sich dies Reich der Naturnotwendigkeit, weil die Bedürfnisse sich erweitern; aber zugleich erweitern sich die Produktivkräfte, die diese befriedigen. Die Freiheit in diesem Gebiet kann nur darin bestehen, dass der vergesellschaftete Mensch, die assoziierten Produzenten, diesen ihren Stoffwechsel mit der Natur rationell regeln, unter ihre gemeinschaftliche Kontrolle bringen, statt von ihm als von einer blinden Macht beherrscht zu werden; ihn mit dem geringsten Kraftaufwand und unter den ihrer menschlichen Natur würdigsten und adäquatesten Bedingungen vollziehen. Aber es bleibt dies immer ein Reich der Notwendigkeit. Jenseits desselben beginnt die menschliche Kraftentwicklung, die sich als Selbstzweck gilt, das wahre Reich der Freiheit, das aber nur auf jenem Reich der Notwendigkeit als seiner Basis aufblühen kann. Die Verkürzung des Arbeitstags ist die Grundbedingung.“ [9]

[1] Resolution des 8. Parteitages, zitiert nach Bettelheim, Charles: Die Klassenkämpfe in der UdSSR. Band I, Oberbaum Vlg. 1975, S. 162.
[2] S.61.
[3] Lenin, Staat und Revolution, Ausgewählte Werke II, S. 402f.
[4] Bucharin, Nikolaj I./Preobraschenskij Jewgenij A.: Das ABC des Kommunismus. Nachdruck der deutschsprachigen Ausgabe Wien 1920. Zürich o. J. S. 133.
[5] Karl Marx, Das Elend der Philosophie, MEW 4, S. 150.
[6] „Komsomol ist die geläufige Abkürzung für den ‚Leninschen Kommunistischen Allunionsbund der Jugend.‘“ Torke, Hans-Joachim: Historisches Lexikon der Sowjetunion 1971/22 bis 1991. München 1993, S. 156.
[7] Hellbeck, Jochen (Hrsg.): Tagebuch aus Moskau 1931 – 1939. Aufzeichnungen des Stepan Podlubnyi. München 1996. S. 191.
[8] Zit. nach Furler, Bernhard: Augenschein. Deutschsprachige Reisereportagen über Sowjetrussland 1917-1939. Frankfurt 1987, S. 48.
[9] Karl Marx, Kapital III. MEW 25, 828.

1.1.3 Lohn oder Unterhaltszahlung?

In der Versorgungsnot der nachrevolutionären Jahre 1918 bis 1921 und der daraus folgenden Inflation hatten viele russische Betriebe ihren Belegschaften Lebensmittelrationen ausgegeben, statt Löhne zu zahlen. Jeder von uns wird Inflation und Lebensmittelrationen für Zeichen der Not halten. Der sowjetische Parteitheoretiker Bucharin erklärte sie jedoch zu Anzeichen des baldigen Kommunismus: *„Das Geld stellt jene dinglich gesellschaftliche Bindung, jenen Knoten dar, zu dem das ganze entfaltete Warensystem der Produktion geschürzt ist. Begreiflich, dass in der Übergangsperiode, im Prozess der Vernichtung des Warensystems als solchen, ein Prozess der ‚Selbstverneinung' des Geldes stattfindet. Er drückt sich erstens in der sogenannten ‚Geldentwertung‘ aus, zweitens darin, dass die Verteilung der Geldzeichen von der Verteilung der Produkte unabhängig wird und umgekehrt. Das Geld hört auf, ein allgemeines Äquivalent zu sein... Der Arbeitslohn wird zur Scheingröße, die keinen Inhalt hat. ... Vom Arbeitslohn bleibt bloß seine äußere Hülle erhalten – die Geldform, die zusammen mit dem Geldsystem der Selbstvernichtung entgegengeht.“* [1] Eine seltsame Logik, die die Befreiung von der Lohnarbeit darin entdeckt, dass sich die Arbeiter nichts mehr von ihrem Lohn kaufen können. Bucharin verstand das *„wachsende Naturalsystem“* [2] nicht als atavistische Rückentwicklung in vorkapitalistische Tauschverhältnisse, sondern sah in diesen Not- und Verzweiflungsmaßnahmen einen historischen Fortschritt.

Bucharin behauptete: *„Im System der proletarischen Diktatur erhält der ‚Arbei-*

ter' einen gesellschaftlichen Anteil, aber keinen Arbeitslohn." [3]

In Bucharins und Lenins[4] Sicht waren die sozialistischen Arbeiter und die anderen Werktätigen nicht sich selbst verantwortliche Schöpfer und Herren der Produktion, die über ihre Arbeit selbst bestimmten und über ihr Arbeitsprodukt frei verfügten, vielmehr waren sie passive Empfänger, die von Dritten etwas „erhielten". Stalin sprach später von der „*Arbeiterversorgung*" [5].

Was erhielten diese „Versorgungsempfänger" und von wem wurden sie „versorgt"? Sie erhielten einen Teil des Arbeitsprodukts, das sie selber geschaffen hatten. Und von wem erhielten sie es? Von der Planerbürokratie, die die Verwalter des gesamten sowjetischen Arbeitsprodukts waren. Da jedoch diese Verwalter nur sich selber verantwortlich waren, waren sie nicht Treuhänder der Gesellschaft, sondern wirkliche Eigner des gesamten von den Arbeitern geschaffenen Arbeitsprodukts.

Lohn ist Bestandteil eines Kaufvertrages. Jeder Lohnarbeiter im Kapitalismus handelt bei seiner Einstellung mit einem kapitalistischen Unternehmer einen Preis für die produktive Vernutzung seiner Arbeitskraft aus. Die Höhe dieses Preises hängt von der Konkurrenzsituation seiner speziell ausgebildeten Arbeitskraft wie von der gewerkschaftlichen Kampfkraft aller Lohnarbeiter, das heißt dem erreichten Lebensstandard ab.

Im Sowjetsystem dagegen mussten und konnten die Werktätigen ihre Arbeitskraft nicht an einen beliebigen Käufer verkaufen, ihnen stand der Staat als ein „einziger Unternehmer" gegenüber. Die sowjetischen Werktätigen wurden von ihrer Planungsbürokratie dienstverpflichtet und diese hatte als Gegenleistung eine Unterhaltsverpflichtung. Sie wies ihren Arbeitern eine Unterhaltszahlung zu, anfangs noch in Naturalien, später wieder in Geldform. Die Planungsbürokratie entschied sowohl über Menge wie Art dieses Unterhalts der Werktätigen. Die Konsummenge für die Werktätigen wurde bewusst knapp gehalten, damit möglichst viel Produktivkraft in den raschen Aufbau der Industrie gesteckt werden konnte.

Im Kapitalismus leben die Lohnarbeiter, vom einfachen Hilfsarbeiter bis zur hochbezahlten Managerin in einer prinzipiellen Existenzunsicherheit. Sie wissen nie, ob ihr Unternehmen noch ihre Arbeitskraft benötigt oder ob ihre Arbeitskraft weiter ihren Dienst tut. Sobald ein Lohnarbeiter dem Kapital nicht mehr profitabel erscheint, dann wird er in die Armut entlassen. In der Sowjetunion hatte die Planerbürokratie eine „väterliche" oder patronale Fürsorgepflicht für alle Sowjetbürger, die zur Arbeit dienstverpflichtet waren. Die Arbeitskraft war im Sowjetsystem zwar keine Ware, für die ein Käufer gefunden werden musste, statt dessen galten die sowjetischen Werktätigen ihrer Planerobrigkeit nicht viel mehr als willenlose Arbeitstiere, die von ihrem Besitzer gefüttert wurden.

Aus einem Brief Stalins an Molotow[6] aus dem Jahr 1930 wird ganz deutlich, dass Stalin die sowjetischen Arbeiter nicht als selbstbestimmte Produzenten ansah, sondern als Arbeitsvieh, das er bei ungenügender Arbeitsleistung nicht einmal mit dem Lebensnotwendigen versorgen wollte:

„Um die Sache unseres Aufbaus richtig auf den Weg zu bringen, müssen wir noch eine andere Seite der Sache anpacken. Ich spreche von der ‚Fluktuation' in den Betrieben, von den ‚Zugvögeln'[7], von der Arbeitsdisziplin, vom Rückgang der Stammarbeiter, vom sozialistischen Wettbewerb und der Bewegung der Stoßarbeiter, von der Organisation der Arbeiterversorgung.

Gegenwärtig sieht es so aus, dass einige Arbeiter ehrlich und nach dem Wettbewerbsprinzip arbeiten; andere aber (die Mehrheit) arbeiten liederlich und ‚flattern' von Betrieb zu Betrieb; sie sind aber genauso (wenn nicht sogar besser) versorgt wie die ersteren, nutzen die gleichen Privilegien, was Urlaub, Sanatoriumsaufenthalte, Versicherung usw. betrifft. Ist das nicht eine Schande?...

Zusätzlich zu diesem Unfug reißen wir auch noch alle Arbeiter, die nur irgendwie Initiative zeigen, aus der Produktion heraus (‚Beförderung') und stecken sie in irgendwelche Behörden, wo sie in der ungewohnten Umgebung vor Langeweile umkommen; zugleich bauen wir aber damit den Facharbeiterstamm in der Produktion ab... Diese Zustände weiter zu dulden hieße, gegen die Interessen des sozialistischen Aufbaus zu handeln.

Was ist zu tun? Wir müssen:

a) die Versorgungsgüter für die Arbeiter ... in den wichtigen, entscheidenden Regionen konzentrieren ...

b) in jedem Betrieb die Stossarbeiter ermitteln, sie vollständig und in erster Linie mit Lebensmitteln, Textilien und Wohnraum versorgen sowie ihnen alle Versicherungsrechte vollständig gewähren.

c) diejenigen, die keine Stoßarbeiter sind, in zwei Kategorien einteilen – solche, die in diesem Betrieb mehr als ein Jahr arbeiten, und solche, die dort weniger als ein Jahr arbeiten; erstere sind in zweiter Linie und vollständig mit Lebensmitteln und Wohnraum zu versorgen, letztere in dritter Linie und nach geringeren Normen. ...

d) Die Delegierung von Arbeitern von der Werkbank weg in alle möglichen Apparate verbieten und eine Beförderung nur innerhalb der Produktion ... zulassen.

e) mit Tomskis[8] kleinbürgerlichen Traditionen bei Bummelei und schlechter Arbeitsdisziplin brechen... gegen Bummelanten in breitem Umfang Arbeitsgerichte einsetzen und sie aus den Gewerkschaften ausschließen;

f) mit Tomskis kleinbürgerlichen Traditionen in der Frage der Arbeitslosen brechen, ... die Listen der Arbeitslosen systematisch von zufällig dorthin gelangten und zweifellos nicht arbeitslosen Elementen säubern und ein solches Regime einführen, dass ein Arbeitsloser, der eine angebotene Arbeit zweimal abgelehnt hat, automatisch das Recht auf Arbeitslosengeld verliert;

g) und so weiter und so fort. ...

Das ist natürlich eine ernste und komplizierte Angelegenheit. Sie muss gründlich durchdacht werden. Kann man diese Maßnahmen sofort und in allen Industriezweigen anwenden – auch das ist ein Problem. Aber trotz allem ist dies eine sehr notwendige und unvermeidliche Sache." [9]

Stalin spricht sich hier gegenüber seinem Vertrauten Molotow offen dafür aus, dass nur für besonders fleißige Arbeit „Versorgungsgüter vollständig gewährt" werden. Öffentlich haben die Sowjetführer nie zugegeben, dass sie als Dienstherren aller sowjetischer Werktätigen auch über Art, Menge und Verteilung der Lebensmittel ihrer Untertanen entscheiden. Aber den sowjetischen Sozialismus kann man nicht aus öffentlichen Erklärungen der Sowjetführer verstehen oder kritisieren – genauso wenig wie man den Kapitalismus aus den öffentlichen Äußerungen kapitalistischer Regierungen verstehen oder kritisieren kann.

[1] Bucharin, Ökonomik der Transformationsperiode. Moskau 1920, dt. Hamburg 1922, S. 215f.
[2] Bucharin, Ökonomik der Transformationsperiode. Moskau 1920, dt. Hamburg 1922, S. 216
[3] Bucharin, Ökonomik der Transformationsperiode. Moskau 1920, dt. Hamburg 1922, S. 216.
[4] Die Aussage Bucharins, dass die Arbeiter keinen Lohn, sondern einen „gesellschaftlichen Anteil erhielten" kommentierte Lenin in seinem Handexemplar des Buches mit den Worten: „richtig! Und gut gesagt, ohne Schnörkel." dito, S. 216.
[5] J. Stalin: Briefe an Molotow. Hrsg. von L.T. Lih, O. Naumow u. O. Chlewnjuk. Moskau 1995, dt. Berlin 1996, Brief Nr. 69 vom 28.09.1930; S. 239.
[6] Molotow war damals die „rechte Hand von Stalin", später wurde er auch Außenminister.
[7] die ihre Arbeitsstelle häufiger wechselten.
[8] Tomski war damals sowjetischer Gewerkschaftschef.
[9] J. Stalin: Briefe an Molotow. Hrsg. von L.T. Lih, O. Naumow u. O. Chlewnjuk. Moskau 1995, dt. Berlin 1996, Brief Nr. 69 vom 28.09.1930; S. 238f.

1.1.4. Exkurs: Sowjetische Zwangsarbeit im Gulag

Dass die von der sowjetischen kommunistischen Partei im ersten Fünfjahrplan festgelegte „maximale Entwicklung der Produktion von Produktionsmitteln" nur auf Kosten der Lebensverhältnisse aller Werktätigen zu schaffen sei, muss allen ökonomisch halbwegs Gebildeten klar gewesen sein. Während der Produktion von Produktionsmitteln werden von den Arbeitenden Konsumtionsmittel zwar verzehrt, aber keine neuen Konsumtionsmittel hergestellt. Für einen solchen Verzehr ohne Ersatz gab es in den Krisenjahren 1927 bis 1929 keine öffentlichen Vorräte. Da griff die Partei auf Mittel zurück, die nicht nur in Russland eine unselige Tradition hatten: *„Auf den unentwickelteren Stufen der kapitalistischen Produktion werden Unternehmungen, die eine lange Arbeitsperiode, also große Kapitalauslage für längere Zeit bedingen, namentlich wenn sie nur auf großer Stufenleiter ausführbar sind, ... gar nicht kapitalistisch betrieben, wie z. B. Straßen, Kanäle etc., sondern auf Gemeinde- oder Staatskosten (in ältren Zeiten meist durch Zwangsarbeit, soweit die Arbeitskraft in Betracht kommt)."* [1]

Seit dem 26. März 1928 wurden die Lohnzahlungen an sowjetische Häftlinge eingestellt, um die wirtschaftliche Rentabilität zu erhöhen[2]. Betrug die Zahl der zu Zwangsarbeit Verurteilten im Jahre 1926 noch 14,3 % aller Verurteilungen, so waren es 1931 schon 56 %.[3]

Strafjustiz und staatlicher Terror, die bis dahin hauptsächlich dem bolschewistischen Machterhalt dienten, wurden zunehmend in den Dienst des sozialistischen Aufbaus gestellt. Inmitten der sowjetischen Gesellschaft breitete sich eine Inselwelt[4] von rund 100 Arbeits- und Besserungskolonien mit Insassen aus, deren Anzahl die Millionengrenze deutlich übertraf.[5]

Zwangsarbeit von Häftlingen wurde vor allem in unwirtlichen Regionen und gesundheitsschädlichen Branchen und für Bauprojekte mit langer Bauzeit eingesetzt. Im Westen frühzeitig bekannt wurde der Bau des Weißmeer-Ostsee-Kanals, der nur 200 km am Nordpolarkreis vorbeiführt und in nur zwanzig Monaten von November 1931 bis Juni 1933 von über 100.000 Zwangsarbeitern mit primitivsten Mitteln gebaut wurde.

Im betreffenden Beschluss des Politbüros vom 5. Mai 1930 heißt es: *„Die Gesamtkosten aller Bauarbeiten am Südabschnitt des Kanals dürfen 60 Millionen Rubel nicht überschreiten. ... Bei der Kostenkalkulation für den Bau des Nordabschnitts des Kanals wurde beschlossen, die Möglichkeit des Einsatzes von Häftlingen für diese Arbeiten in Betracht zu ziehen."[6]* In einer persönlichen Notiz von Stalin heißt es weiter: *„Ich gehe davon aus, dass er hauptsächlich mit Kräften der GPU[7] gebaut werden wird."* [8]

Zwangsarbeit wurde eingesetzt *„in der Holzindustrie, in Bergwerken, bei der Kohle- und Zink-, Phosphat- und Bleigewinnung; im Straßen-, Eisenbahn- und*

Kanalbau ...“ [9]

Häftlings- und Zwangsarbeit wurde offizieller Bestandteil der Wirtschafts pläne. „*Der Volkswirtschaftsplan für 1941 sah für die Organe des NKWD[10] Investitionsvorhaben in Höhe von 6,8 Milliarden Rubel und eine Industrieproduktion von 1,8 Milliarden Rubel vor. Für die Erfüllung dieser Aufgaben des NKWD wurden 1.976.000 Häftlinge und 288.000 Zivilangestellte ... eingesetzt. Im Jahre 1940 erbrachte das Volkskommissariat des Inneren etwa 13 Prozent des Bauvolumens der Volkswirtschaft. ... Von 1941 bis 1944 wurden vom NKWD der UdSSR folgende Objekte gebaut und der Nutzung zugeführt:*

- *612 operative Flugplätze und 230 Flugplätze mit Start- und Landebahnen;*
- *mehrere Flugzeugwerke im Rayon Kuibyschew;*
- *drei Hochöfen mit einer Jahreskapazität von 980.000 Tonnen Roheisen;*
- *16 Martin- und Elektroschmelzöfen mit einer Kapazität von 445.000 Tonnen Stahl;*
- *Walzstraßen mit einer Gesamtleistung von 542.000 Tonnen Walzstahl;*
- *4 Koksofenbatterien mit einer Kapazität von 1.740.000 Tonnen Koks;*
- *Kohlegruben und Tagebaue mit einer Kapazität von insgesamt 6.790.000 Tonnen Kohle;*
- *46 Generatorturbinen mit einer Gesamtleistung von insgesamt 596.000 Kilowatt;*
- *3573 Kilometer neue Bahngleise;*
- *4700 Kilometer Landstraßen;*
- *1056 Kilometer Erdölleitungen; ...*“ [11]

Die Liste enthält ferner die Errichtung weiterer 29 neuer Werke und Betriebsstätten. Da Zwangsarbeit weitaus kostengünstiger als sowjetische Lohnarbeit genutzt werden konnte, mussten die Staatsorgane für ständigen Nachschub an Häftlingen sorgen: Jede Stadt, jeder Bezirk, jede Armee-Einheit erhielt eine Sollzahl zugewiesen, welche fristgerecht zu erfüllen war. „*... Der ehemalige Tschekist[12] Alexander Kalganow erinnert sich, in Taschkent ein Telegramm erhalten zu haben: ‚Schickt zweihundert!‘. Im Augenblick aber waren sie gerade mit einer Partie fertig, und es gab scheinbar niemanden mehr zum Nehmen. ...*

Eine Anfrage von der Miliz: Was tun? Zigeuner haben mitten in der Stadt ungeniert ihre Zelte aufgeschlagen. Das ists! Das Lager wird umzingelt und alle Männer von siebzehn bis sechzig nach 58[13] eingezogen! Planerfüllung zu vermelden!“ [14]

Die Staatsbehörden stritten sich sogar gegenseitig um ihre Zwangsarbeiter. Stalin schrieb an Molotow: „*Am 27. Juni 1929 bestätigte das Politbüro den Beschluss zum Einsatz von Strafgefangenen. Darin war vorgesehen, dass Personen mit Freiheitsstrafen von drei Jahren und mehr in Lager der OGPU[15] zu überstellen waren. Für die Aufnahme dieser Häftlinge wurde beschlossen, die bereits bestehenden Arbeitslager zu erweitern und ... neue zu errichten, um diese*

Regionen durch die Arbeit der Häftlinge zu erschließen und ihre Naturreichtümer zu nutzen. ... Die NKWD der Unionsrepubliken wehrten sich jedoch dagegen, die Häftlinge mit Strafen von drei Jahren und mehr abzugeben, um sie selbst in ihren Wirtschaftsprojekten einzusetzen.“ [16]

Jeder Staatsapparat nutzt Terror und Gewalt zum Machterhalt, darin unterscheidet sich der Stalinsche Terrorstaat nur graduell und quantitativ von demokratischeren Regierungen. Terror und Gewalt in großem Umfang als Produktivkraft zu nutzen, das ist jedoch eine Grenze, die in der Neuzeit nur wenige, besonders brutale Regime überschritten haben.

In den Berichten Solschenizyns über die sowjetische Zwangsarbeit überwiegt der machtpolitische, nicht der wirtschaftliche Nutzen, wenn er sarkastisch feststellt: Die Häftlingsströme *„fließen durch unterirdische Rohre und sanieren das an der Oberfläche blühende Leben“* [17] als sei die schmutzige Welt der Arbeitslager die notwendige, da reinigende Gegenwelt zum scheinbar blühenden Sowjetsystem. Andrej Amalrik sah im Arbeitslager nicht die unvermeidliche Ergänzung, sondern die ideale Verkörperung des Sowjetsystems: *„Das Lager stellt einen Mikrokosmos der sozialistischen Gesellschaft dar es garantiert alle sozialökonomischen Rechte, deren sich die Sowjetmacht so sehr rühmt und die die Sozialisten anstreben: das Recht auf bezahlte Arbeit, auf Nahrung, Kleidung, Wohnraum und kostenlose medizinische Behandlung.“* [18] Dem ist nichts hinzuzufügen.

[1] Marx, Karl: Das Kapital II. MEW 24, S. 236.

[2] Popin, Anne Kathrin: Der Weißmeer-Ostsee-Kanal in der sowjetischen Literatur und Propaganda der 30er Jahre. Unter: www.solovki.org/de/files/Belomor.pdf, S. 1 [abgerufen im April 2003].

[3] Popin, Anne Kathrin: Der Weißmeer-Ostsee-Kanal in der sowjetischen Literatur und Propaganda der 30er Jahre. Unter: www.solovki.org/de/files/Belomor.pdf, S. 2 [abgerufen im April 2003].

[4] Solschenizin, Alexander: Der Archipel Gulag. Bern 1974.

[5] Die Schätzungen bewegen sich zwischen 2 und 20 Millionen. Vgl. Torke, Hans-Joachim (Hrsg): Historisches Lexikon der Sowjetunion 1917/22 bis 1991. München 1993, S. 105.

[6] Zit. n. Stalin, J.: Briefe an Molotow 19251936. Hrsg. von L.T. Lih, O. Naumow u. O. Chlewnjuk. Moskau 1995. Dt. Ausg. Berlin 1996, S. 230.

[7] GPU hieß die politische Polizei, der sowjetische Staatsschutz. Andere Namen dafür waren: Tscheka und NKWD.

[8] Zit. n. Stalin, J.: Briefe an Molotow 19251936. Hrsg. von L. T. Lih, O. Naumow u. O. Chlewnjuk. Moskau 1995. Dt. Ausg. Berlin 1996, S. 230.

[9] Torke, Hans-Joachim (Hrsg): Historisches Lexikon der Sowjetunion 1917/22 bis 1991. München 1993, S. 106.

[10] NKWD hieß die politische Polizei, der sowjetische Staatsschutz. Andere Namen dafür waren: Tscheka und GPU/OGPU.

[11] Nekrassow, Vladimir F. (Hrsg): Berija. Henker in Stalins Diensten. Augsburg 1997, S. 471f.

[12] Geheimpolizist, Staatsschutzpolizist.

[13] Der 58 des sowjetischen Strafgesetzbuches stellte jede Schwächung der sowjetischen Staats-

macht unter Strafe: Es gibt unter der Sonne wahrlich kein Vergehen, keine Absicht, keine Tat und keine Tatenlosigkeit, die nicht vom gestrengen Arm des 58 erreicht und gestraft werden konnte. ... Der 58 bestand aus vierzehn Punkten. Solschenizyn, Alexander: Der Archipel Gulag. Bern 1974, S. 69.

[14] Solschenizyn, Alexander: Der Archipel Gulag. Bern 1974, S. 78f.

[15] OGPU (oder GPU) hieß die politische Polizei, der sowjetische Staatsschutz.

[16] Stalin, J.: Briefe an Molotow 19251936. Moskau 1995. Dt. Ausg. Berlin 1996, S. 231.

[17] Solschenizyn, Alexander: Der Archipel Gulag. Bern 1974, 57.

[18] Amalrik, Andrej: Aufzeichnungen eines Revolutionärs. Berlin 1983, S. 307.

2. Der sowjetische Produktionsprozess

2.1. Wer verfügte über die Produktionsmittel?

> Ein antikes Gedicht des Kreters Hybrias sagt:
> „*Mein großer Reichtum sind Speer und Schwert*
> *und der schöne Schild, der Schutz des Leibes.*
> *Damit nämlich pflüge ich, damit ernte ich,*
> *damit keltere ich den süßen Wein von der Rebe,*
> *damit heiße ich Herr der Sklaven.*“ [1]

Hier war es die Waffengewalt, die den Sklaven zur lebenslangen Arbeit für seinen Besitzer zwang und die Verknüpfung des Sklaven mit den Produktionsmitteln des Sklavenbesitzers bewerkstelligte.

Dagegen verfügte der freie Bauer der griechischen Frühzeit und des europäischen Mittelalters, ebenso wie ein freier Handwerker über seine eigenen Produktionsmittel – Haus, Boden, Werkzeuge, Vieh usw. Sie alle waren in ihrer Arbeit eigene Herren, die auf eigene Rechnung, das heißt „in die eigene Tasche“ wirtschafteten.

Teils in die eigene, teils in eine „fremde Tasche“ wirtschaftete der leibeigene Bauer, der zwar mit eigenem Vieh und eigenen Werkzeugen, aber auf fremdem Boden arbeitete. Ein leibeigener Bauer war getrennt vom Boden und musste daher über eine lebenslange vertragliche Abmachung mit einem feudalen Bodenbesitzer über regelmäßig zu leistende Dienste und Abgaben sich das Recht erkaufen, auf Boden, der nicht ihm gehörte, für den eigenen Unterhalt wie für den Unterhalt seines feudalen Herrn zu arbeiten.

Bei solchen leibeigenen Bauern war sichtbar geschieden, was sie für sich und was sie für ihren Herrn arbeiteten: Oft handelte es sich auch um getrennte Ackerflächen für den Unterhalt des Herrn und für den Unterhalt der eigenen Familie, dazu kamen noch genau bemessene Naturalienabgaben (Korn, Fleisch, Eier usw.) und genau bemessene Dienste (soviel Arbeitstage im Jahr für die Zwecke des Herrn und ganz bestimmte Dienste wie Holzfuhren, Wegebau etc.). Der unfreie Bauer konnte, wenn er geschickt, gesund und fleißig war und viele arbeitsfähige Familienmitglieder hatte, für sich und seine Familie Wohlstand anhäufen, denn die Leistungen für seinen Herrn waren genau bemessen, was er darüber hinaus erwirtschaftete, gehörte ihm. Ohne den wachsenden Wohlstand der europäischen Bauern im Mittelalter hätten sich keine blühenden Städte inmitten dieser feudalen Gesellschaft herausbilden können. Der landwirtschaftliche

Produktionsüberschuss über den Verbrauch der adeligen Feudalherrn und der Bauern hinaus ernährte die Stadtbewohner

Wirtschaftliche Grundlage dieser Städte war die Einzelwirtschaft und der Kleinbetrieb. Diese Handwerksbetriebe und das freie Bauerntum waren gleichermaßen Voraussetzung wie Hindernis für die Entwicklung des modernen Kapitalismus.

Erst im Kapitalismus sind die lohnabhängigen Produzenten völlig getrennt vom Boden und anderen eigenen Produktionsmitteln. Ergebnis dieser historischen Trennung der großen Volksmasse von Grund und Boden, den Lebensmitteln und Arbeitsinstrumenten, die die Vorgeschichte des modernen Kapitalismus bildet, war die Scheidung in „Besitzer freier Arbeitskraft" (frei von Produktionsmitteln und frei von einem fremden Herrn) auf der einen Seite und in „Besitzer der Arbeitsplätze", der gesellschaftlichen Produktionsmittel, auf der anderen Seite.

Damit ein Lohnarbeiter den Gegenwert für Essen, Wohnung und alles andere für sich produzieren kann, muss er einen Arbeitsplatz bekommen, der auch Gewinn für Lebensunterhalt und Kapitalakkumulation des Kapitalisten abwirft. Ohne diese – Gewinnerwartung des Kapitals steht ein Lohnarbeiter ohne eigenen Lebensunterhalt da. Im Kapitalismus kommt diese Verknüpfung von Produktions- und Lebensmittel und Lohnarbeiter durch einen doppelten Kaufakt zustande. Der Kapitalist kauft sowohl Produktionsmittel wie Arbeitskraft:

„Durch ... die Verwandlung von Geldkapital in produktives Kapital, bewirkt der Kapitalist die Verbindung der gegenständlichen und persönlichen Faktoren der Produktion, soweit diese Faktoren aus Waren bestehen. Wird Geld zum ersten Mal in produktives Kapital verwandelt, ... so muss er erst die Produktionsmittel kaufen, Arbeitsgebäude, Maschinen etc., ehe er die Arbeitskraft kauft; denn sobald letztere in seine Botmäßigkeit übergeht, müssen die Produktionsmittel da sein, um die Arbeitskraft als solche anwenden zu können." [2]

„Nennen wir die Arbeitskraft A, die Produktionsmittel Pm, so ist die zu kaufende Warensumme W = A+Pm...; die Geldsumme G spaltet sich in zwei Teile, wovon der eine Arbeitskraft, der andre Produktionsmittel kauft. Diese beiden Reihen von Käufen gehören ganz und gar verschiedenen Märkten an, die eine dem eigentlichen Warenmarkt, die andere dem Arbeitsmarkt." [3]

In der Sowjetwirtschaft wurde die Verknüpfung Arbeiter – Produktionsmittel nicht durch einen Kaufakt hergestellt. Das ist ein wesentlicher ökonomischer Unterschied des Sowjetsystems zum Kapitalismus.

2.1.1. Selbstverwaltung gegen zentrale Steuerung

Die Arbeiterräte der ersten Revolutionszeit wirtschafteten schlecht, vor allem weil sie sich nicht um die überbetrieblichen Lebensadern der Wirtschaft – Informationsfluss, Transportfluss und Geldfluss – kümmerten. Sie bekamen weder Verschwendung, noch Lieferengpässe noch die betriebliche Geldknappheit in den Griff. *„Vielmehr zwang der Mangel an Rohstoffen, Lebensmitteln und Bargeld in vielen Fällen die lokalen Instanzen bzw. die einzelnen Werke sehr bald in die Knie; sie mussten sich an die Zentrale wenden..."* [4]

Die Kreditvergabe war der lange Hebel, mit dem die Sowjetregierung die Arbeiterselbstverwaltung entmachtete und die Zentralisierung der Wirtschaft durchsetzte. Sobald ein selbstverwaltetes Unternehmen kein Geld mehr hatte, um Löhne zu bezahlen oder um Kohlen und andere wichtige Rohstoffe zu beziehen, streckte der „Oberste Volkswirtschaftsrat" das Geld vor. Daraus entwickelte sich zunächst eine behördliche Kontrolle über die Investitionsentscheidungen und allmählich eine zentrale Entscheidungsmacht über alle Ressourcen des Unternehmens.[5]

In dieser Auseinandersetzung zwischen der Selbständigkeit der Unternehmen und dem Einfluss der Zentrale entwickelte sich neben und über der betrieblichen Selbstverwaltung ein Dschungel von Ämtern und Kompetenzen, deren Einfluss wuchs, ohne dass das wirtschaftliche Chaos zunächst weniger wurde.

So „befehligte" die Spitze der staatlichen Wirtschaftsverwaltung, das Präsidium des Obersten Volkswirtschaftsrates, im Dezember 1920 folgende Dezernate: „Rohstoffabteilung", „Nutzungskommission", „Produktionskommission", „Rat für Beschaffung und Verteilung", „Kommission für Außenhandel", „Preiskomitee", „Finanz-Abrechnungsabteilung", „Finanzwirtschaftliche Abteilung", „Kommission für Voranschläge", Räte für Geologie, Geodäsie, Technik etc. Darunter gab es 67 Gouvernementsvolkswirtschaftsräte jeweils wieder mit zahlreichen Abteilungen. Daneben existierte seit Ende 1918 für den Heeresbedarf der „Rat der Arbeiter- und Bauernverteidigung", später „Rat der Arbeit und Verteidigung" genannt. [6]

Zur Herstellung von Konservendosen bekam z.B. die vereinigte Metallindustrie im Jahr 1919 5,5 Millionen Rubel an Krediten gebilligt, aber die Anweisung brauchte 4 Monate durch diese Bürokratie. Dann wurden die Dosen gefertigt und geliefert, aber die Erntesaison war längst vorbei. [7]

Zunehmende Straffung, das hieß Zentralisierung der Wirtschaftsverwaltung, schien der einzig gangbare Ausweg aus dem Wirtschaftschaos. Durch die verbesserte Kontrolle wurden die Betriebe zunehmend auch faktisch verstaatlicht, bisher waren sie es nur dem Namen nach. Noch 1927 konnte Rykow, damals in der Sowjetregierung für die Industrie zuständig, feststellen: in den Fabrikleitungen säßen zwar zu 60 Prozent Arbeiter, aber die kommunistische Partei habe dort wenig Einfluss.[8]

Zunächst hieß aber Zentralisierung keineswegs, dass die Regierung in Moskau alle Unternehmen leitete, in den meisten Fällen hatten die Stadtbehörden noch das Heft in der Hand. Im Juni 1918 unterstanden noch über zwei Drittel aller Staatsbetriebe den jeweiligen Stadtbehörden.[9]

Im Jahr 1922 wurden 33 zentralisierte Großunternehmen der Metallindustrie mit 316 Fabriken und 218.344 Beschäftigten zentral von Moskau aus gesteuert, während in derselben Branche 24 „Provinzunternehmen" mit nur 95 Fabriken und insgesamt 12.701 Beschäftigten von den Provinzhauptstädten geleitet wurden. [10] Die zentralstaatlichen Betriebe hatten also eine Größe von durchschnittlich 690 Beschäftigen, die Provinzbetriebe von nur 133 Beschäftigten pro Betrieb. Je kleiner ein Betrieb war, desto länger konnte er die Arbeiterselbstverwaltung gegenüber der Zentrale behaupten: Bis 1961 wurden in der Sowjetunion sogar noch kleine, selbständige industrielle Kooperativen geduldet, die zwischen 5 und 8 Prozent der damaligen Industrieproduktion erarbeiteten. [11]

Der Widerstand gegen diese zunehmende Verstaatlichung und Zentralisierung, der im Kronstädter Aufstand im Jahr 1921 gipfelte, formierte sich unter der Losung „Alle Macht den Räten". Aber 1921 wurde nicht mehr wie 1917 versucht, die Arbeiterselbstverwaltung erst ins Leben zu rufen. Mit dem Kronstädter Aufstand wurde versucht, die vom Staat beschnittene Macht der Räte (samt ihrem Chaos) gegen die gewachsene Macht der zentralisierten Wirtschaftsführung der Bolschewiki zu behaupten und zu verteidigen. Um im Gegenzug die Macht der Bolschewiki zu beschneiden, forderten die Kronstädter Matrosen die Rückkehr zu den politischen Freiheiten des Jahres 1917: freie politische Betätigung aller linken und revolutionären Parteien, Gruppen und Individuen. Erst mit der blutigen Niederschlagung der Kronstädter Matrosen und der Ausschaltung der Fraktion der „Arbeiteropposition" begann in der UdSSR die Zeit des Einparteiensystems.

Was von der Arbeiterselbstverwaltung blieb, war die romantische Erinnerung an Freiheit und Chaos der ersten Revolutionszeit und die Bitte an die Regierung, dass die Zentralbehörde doch nicht alles entscheiden dürfe.

Der erste Leiter der sowjetischen staatlichen Industrie, Dzierzynski, konnte noch Mitte der 20er Jahre erklären: Das zentralistische System, das in die ersten Jahre nach der Revolution gepasst habe, sei *„jetzt ein höchst schädliches Überbleibsel"* und müsse durch *„ein System des vollen Vertrauens"* ersetzt werden. [12] Auch Kuibyschew, sein Nachfolger im Amt, versprach: *„die Dinge können nicht länger vom Zentrum aus kontrolliert werden"*. Noch im Dezember 1926 klagte ein Delegierter auf dem Gewerkschaftskongress: *„Wir wollen alle Dezentralisierung, aber in der Praxis zieht irgendein Magnet alles zur Zentrale, gegen den Willen von Genossen Kuibyschew und gegen unser aller Willen."* [13]

2.1.2. Direktiven verteilen die Produktionsmittel

Ein staatlicher sowjetischer Industriebetrieb verfügte über keinen freien Investitionsfond. Zwar unterhielt er ein Betriebskonto bei der Staatsbank, aber ohne Auftrag von oben gab die Bank kein Geld für Anschaffungen frei, und für Bargeld durften die Lieferbetriebe keine Produktionsmittel verkaufen. Die Produktionsbetriebe bekamen also ihren ganzen Input (Energie, Roh- und Werkstoffe usw.) von der staatlichen Zentrale zugeteilt. Eine zentrale Direktive teilte dem Produktionsbetrieb mit, von welchem Lieferbetrieb er das Benötigte in welcher Menge beziehen soll. Direktiven von oben setzten die benötigten Produktionsmittel in bestimmter Menge und in der bestimmten Zeit (z.B. erstes Quartal des Jahres) vom Ursprungsort auf den Weg und bestimmte Empfänger, Art, Menge und Zeitpunkt der Lieferung.

Äußerlich gesehen fand zwar dabei auch ein Kauf statt, bei dem Geld bei der Bank von dem Konto des Empfängerbetrieb bargeldlos zu dem Konto des Lieferbetriebs wechselte, aber „Käufer" und „Verkäufer" waren in Gestalt des staatlichen Eigentümers dieselbe juristische Person – wie bei einer Lieferung innerhalb zweier Tochterunternehmen eines kapitalistischen Konzerns, wo ein Zweigbetrieb die Produkte des anderen Tochterunternehmens weiterverarbeitet oder eine Abteilung die Produkte einer anderen Abteilung desselben Betriebes. Die Rubel, die dabei von einem Staatskonto zum anderen wanderten, fungierten nur als Rechengeld, nicht als wirkliches Geld.[14]

Weil dieser selbst produzierte und selbst verwendete Stahl nicht auf dem Warenmarkt erscheint, verwandelt er sich auch nicht in eine Ware. Waren sind *für den Verkauf* produzierte Produkte oder Dienstleistungen.[15]

Wie selbstproduzierter Stahl eines kapitalistischen Stahlwerks ohne Kauf und Verkauf in eine andere Abteilung desselben Stahlwerkes wanderte, um dort verbraucht zu werden, so lieferte ein sowjetischer Betrieb an den anderen, ohne dass dafür Geld notwendig wurde. Dies ist ein weiterer wesentlicher Unterschied zwischen Kapitalismus und Sowjetsystem:

Ein kapitalistischer Betrieb kauft seinen „Input" zu wechselnden Bedingungen bei wechselnden Unternehmen auf dem Markt, ein. Diese Produkte kommen aus Produktionsbetrieben, die anderen Kapitalisten gehören, *„und gehen ein in seinen Produktionszweig als Waren, müssen daher gekauft werden".* [16] Ein sowjetisches Unternehmen erhielt dagegen seinen Input von einer staatlichen Behörde zugewiesen.

Das kapitalistische Unternehmen tritt als selbständig handelndes Subjekt mit seinem Geld auf den Markt und hat daher ein individuelles Entscheidungsrecht, um seine Produktionsmittel und Arbeitskraft zu kaufen. Karl Marx hatte das auf die Formel gebracht:

Geld wird verwandelt in Ware (Produktionsmittel + Arbeitskraft)

oder als Kurzformel:

$$G - W\,(Pm + A).$$

Ein sowjetischer Staatsbetrieb war gleichsam nur eine von vielen Abteilungen des einen großen „Staatskonzerns“ ohne eigene unternehmerische Entscheidungsbefugnis. Der eigentliche „Unternehmer“ war die zentrale Planerbürokratie, die entschied, welche Produktionsmittel in welcher Menge dieser Betrieb woher beziehen sollte.

Man kann das auf die Formel bringen:

Eine zentrale Direktive vermittelt die Produktionsmittel von Betrieb X an Betrieb Y und weist andererseits dem Betrieb Y die nötigen Arbeiter zu.

oder kurz:

$$\textit{Direktive} - Pm + A\ (\textit{von } X \textit{ an } Y).$$

[1] Athenaios XV 695 f – 696 a.
[2] Karl Marx, Kapital II., MEW 24, S. 36.
[3] Karl Marx, Kapital II. MEW 24, MEW 24, S. 32.
[4] Scheibert, Peter: Lenin an der Macht. Das russische Volk in der Revolution 1918-1922. Weinheim 1984, S. 209.
[5] Nove, Alec: An Economic History of the U.S.S.R., Harmondsworth 1972, S. 100.
[6] vgl. Scheibert, Peter: Lenin an der Macht. Das russische Volk in der Revolution 1918-1922. Weinheim 1984, S. 211.
[7] Scheibert, Peter: Lenin an der Macht. Das russische Volk in der Revolution 1918-1922. Weinheim 1984 S. 248.
[8] Scheibert, Peter: Lenin an der Macht. Das russische Volk in der Revolution 1918-1922. Weinheim 1984 S. 216.
[9] Nove, Alec: An Economic History of the U.S.S.R., Harmondsworth 1972, S. 53.
[10] Nove, Alec: An Economic History of the U.S.S.R., Harmondsworth 1972, S. 97.
[11] vgl. Nove, Alec: The Soviet Economic System. Boston, Third Edition, 1986. S. 12 und Carr, E.H. and Davies, R.W.: A History of Soviet Russia. Vol. 9 + 10: Foundations of a Planned Economy (1926-1929) London 1. Ed. 1969, S. 274.
[12] zitiert nach Carr, E.H. and Davies, R.W.: A History of Soviet Russia. Vol. 9 + 10: Foundations of a Planned Economy (1926-1929) London 1. Ed. 1969, 9/10, S. 352.
[13] zitiert nach Carr, E.H. and Davies, R.W.: A History of Soviet Russia. Vol. 9 + 10: Foundations of a Planned Economy (1926-1929) London 1. Ed. 1969, ,...S. 354.
[14] In Ausnahmefällen können auch im Kapitalismus produzierte Produktionsmittel „unmittelbar (in gewissen Fällen, Anlagezweigen des industriellen Kapitals) wieder als Produktionsmittel in denselben Arbeitsprozess eingehen...“ – zum Beispiel wenn ein Stahlwerk den selbst produzierten Stahl für Bauten und Anlagen auf dem eigenen Fabrikgelände nutzt. „Dadurch wird nur die Verwandlung seines Werts in wirkliches Geld oder Geldzeichen erspart oder sie erhält nur selbständigen Ausdruck als Rechengeld. Dieser Wertteil geht nicht in die Zirkulation ein.“ Karl Marx, Das Kapital II. MEW 24, S.69.

[15] „Der mittelalterliche Bauer produzierte das Zinskorn für den Feudalherrn, das Zehntkorn für den Pfaffen. Aber weder das Zinskorn noch Zehntkorn wurden dadurch Ware, dass sie für andre produziert waren. Um Ware zu werden, muss das Produkt dem andern, dem es als Gebrauchswert dient, durch den Austausch übertragen werden.“ Anmerkung von F. Engels in: Karl Marx, Kapital I. MEW 23, S. 55.

[16] Karl Marx, Das Kapital II. MEW 24, MEW 24, S. 41

2.1.3. Stahl statt Butter?

Die schrittweise Abschaffung der Arbeiterselbstverwaltung beseitigte zwar die Selbstbestimmung der Arbeiter, schien aber gleichzeitig das einzige Mittel zu sein, das wirtschaftliche Chaos zu beseitigen, die Schäden des vergangenen Weltkrieges zu reparieren und die Wirtschaft zu entwickeln.

Seit der Niederschlagung des Kronstädter Aufstandes im Jahr 1921 drehte sich der politische Kampf nicht mehr um die Frage, *wer die Macht ausübt* und *mit welchen Mitteln* diese Macht ausgeübt wird. Diese Fragen hatten die Bolschewiki für sich entschieden. Sie hatten ihr wirtschaftliches und politisches Machtmonopol behauptet und setzten es rücksichtslos gegen jeden Widerstand ein. Seit Kronstadt stand im Zentrum der politischen Auseinandersetzung nur noch, *für welches Ziel* die Staatsmacht eingesetzt werden sollte.

Die Wirtschaft sollte wieder aufgebaut werden. Das war nötig, nicht nur wegen den Zerstörungen des Weltkrieges und der sich anschließenden Bürgerkriege in Russland. Erst im Jahr 1926 war in der Sowjetunion das industrielle Vorkriegsniveau gerade wieder erreicht worden. Gleichzeitig führte die Fordsche Technologie- und Management-Revolution im kapitalistischen Westen zu einem Produktivitätssprung.

Woher sollten in der jungen Sowjetunion die Mittel für den Ausbau der sowjetischen Industrie kommen? Investitionen aus dem Ausland wurden in der jungen Sowjetunion zunächst politisch abgelehnt. Als sie später ins Auge gefasst wurden, blieb die Investitionsbereitschaft unter den Kapitalisten im Westen gering. Mussten die sowjetischen Investitionen durch Konsumverzicht finanziert werden?

Bis ins Jahr 1927 war die Mehrzahl der sowjetischen Parteiführer überzeugt, dass industrielle Wachstumsraten von 10 Prozent pro Jahr, die in Boomjahren auch unter dem Zarismus in Reichweite gewesen waren, *bei gleichzeitiger Steigerung des Lebensniveaus* der städtischen Werktätigen zu erreichen seien – vor allem durch Steigerungen der Arbeitsproduktivität und Senkung der Kosten.[1]

Der Entwurf des ersten Fünfjahres-Wirtschaftsplans von 1926 sah vor, dass von den geplanten 16,3 Milliarden Rubel Investitionen zwei Drittel – 10,8 Milliarden – aus Gewinnen und Abschreibungen der vorhanden und neu geschaffenen staatlichen Industrie kommen sollte, nur das letzte Drittel aus Besteuerung des

Konsums.[2] Nur die fehlenden 5,5 Milliarden Rubel sollten aus den erwarteten Staatseinnahmen von rund 20 Milliarden Rubeln während des kommenden Jahrfünfts aufgebracht werden. Mit diesem Plan wäre sowohl ein Ausbau der Wirtschaft wie eine Verbesserung des Lebensstandard möglich gewesen. Aber dies war nur der erste Entwurf, um den schnell eine hitzige Diskussion entbrannte.

In der Partei-Diskussion um das Investitionsvolumen für die Jahre 1927 – 1932 planten die verschiedenen Parteiflügel so unterschiedlich hohe Steigerungsraten wie plus 14 Prozent (rechter Flügel mit Bucharin und Rykow) und plus 190 Prozent (linker Flügel mit Trotzki und Preobraschenskij).). Die rücksichtslosen Industrialisierungspläne Trotzkis wurden im August 1926 von Stalin, Rykow und Kuibyschew noch kritisiert, weil diese hohen Investitionen zu einer *„Ausplünderung der Bauern"* [3] führen müssten. Der Streit, ob das Industrialisierungsprogramm der kommenden fünf Jahre auf Kosten des Massenkonsums gehen darf oder nicht, eskalierte noch im selben Jahr zum Ausschluss Trotzkis und seiner Anhänger aus der Partei.

Tatsächlich wurde dann von der Parteimehrheit[4] beschlossen, die Investitionen um plus 131 Prozent anzuheben.[5] Der Sache nach hatten die Trotzkisten also fast Recht bekommen, obwohl sie gleichzeitig als „Parteifeinde" bekämpft wurden.

Auf der 15. Parteikonferenz, Ende 1926, wurde dann festgelegt, dass die Sowjetunion *„in einer möglichst kurzen Zeit das entwickelte Industrieniveau der fortgeschrittenen kapitalistischen Länder erreichen"* [6] solle. Das war die Geburtsurkunde des Sowjetsystems:

Aufgabe dieses Sozialismus war nicht Abkehr vom Kapitalismus, Aufgabe war Konkurrenz mit dem Kapitalismus. Man übernahm das Ziel des Kapitalismus: hohes Wirtschaftswachstum, wenn auch nicht die Methode des Kapitalismus. Aber Stalin versicherte noch, *„die sozialistische Methode der Industrialisierung basiert auf der ständigen Verbesserung der materiellen Verhältnisse der Massen"* [7].

Erst die schwere Lebensmittelversorgungskrise von 1927/28, als gerade in einer Zeit des zunehmenden Industriewachstums und einer wachsenden Arbeiterbevölkerung in den Städten, die Getreideversorgung stockte, machte der Parteiführung deutlich, dass die Vorstellungen von beschleunigter Industrialisierung plus gleichzeitig steigendem Lebensstandard blauäugig waren. Die Alternative wurde unausweichlich: *Entweder den Konsum kürzen oder die Investitionen.*

In dieser Krisen-Situation plädierte Bucharin für ein langsameres Industriewachstum und mehr Rücksichtnahme auf die Bauern. Die Parteimehrheit entschied dagegen und bekämpfte Bucharin seither als „Rechten". 1929 wurden Bucharin und Rykow aus der Parteiführung ausgeschlossen und es wurde mit der Verabschiedung des ersten Fünfjahresplans der UdSSR eine *„maximale Entwicklung der Produktion von Produktionsmittel als Basis für die*

Industrialisierung des Landes" festgelegt. [8]

Nicht nur diese Zielsetzung ist bemerkenswert, sondern auch der krisenhafte Zeitpunkt, zu dem sie beschlossen wurde. Jetzt plötzlich wurde in der Parteiresolution, die Bucharins zögerliche Wirtschaftspolitik verurteilte, ein *„Tribut von der Bauernschaft"* [9] verlangt.

Trotzki beschwerte sich zwar daraufhin aus dem Exil, dass die Partei sein ehrgeiziges Industrialisierungsprogramm gestohlen hätte, aber die Parteimehrheit hatte seine „Stahl-statt-Butter-Politik" so lange abgelehnt, als andere Entwicklungsstrategien noch möglich schienen. Erst als nach der Krise von 1927/28 die Alternative zwischen beidem unausweichlich wurde, entschied sich die Parteimehrheit hinter Stalin für Stahl und gegen Butter.

Dass außerhalb der kommunistischen Partei niemand sonst in der Sowjetunion über eine so lebenswichtige und weitreichende Frage entscheiden durfte, war weder Bucharin, noch Trotzki, noch Stalin ein Gedanke wert. Seit der Entmachtung der Arbeiterselbstverwaltung in den russischen Betrieben blieb die kommunistische Partei (Bolschewiki) als alleiniger Entscheidungsträger, und damit als einziges frei handelndes Subjekt der sowjetischen Gesellschaft übrig. Die sowjetische Gesellschaft war ebenso zum Objekt der Parteientscheidungen geworden wie die Natur, die es umzugestalten galt. Die sowjetische Direktivwirtschaft war geboren und es war eine Sturzgeburt, ausgelöst durch die Versorgungskrise der Jahre 1927/28.

Der Moskauer Jungarbeiter Stepan Podlubnyi schrieb am 2. Mai 1933 in sein Tagebuch[10]: *„Mein persönliches Leben verläuft zur Zeit nicht übel. Während der drei Jahre, die ich in Moskau lebe, kann ich mich nicht erinnern, jemals randvoll satt gewesen zu sein. Immer lief ich hungrig herum. Im ersten Jahr aß ich gerade so viel, um vor Hunger nicht zu krepieren. Es kam vor, dass ich auf der Straße ein hartgefrorenes Stück Brotrinde fand. Ich blies den Schnee und Dreck weg und aß es.... Im zweiten Jahr lief ich noch halbwegs hungrig und zerrissen herum. Im dritten Jahr: ein Drittel hungrig und mehr oder weniger gut angezogen."*

Ständig „ein Drittel hungrig" – dieses Los sowjetischer Werktätigen war kein Versehen, sondern die Konsequenz des Willens und Plans der Sowjetbürokratie. Die Beschränkung des Massenkonsums war der Preis der beschleunigten Industrialisierung der Sowjetunion.

Warum dann spätere Sowjetführer die *„maximale Entwicklung der Produktion der Produktionsmittel"* auf Kosten des Konsums der Werktätigen bis zum Untergang fortsetzten, obwohl die grundlegende Aufgabe der Produktionsmittelindustrie, eine Basis für die Industrialisierung zu schaffen, spätestens 1950 erfüllt war, ist eines der Rätsel, die die sowjetische Wirtschaftsgeschichte aufgibt. Im Jahr 1926 hatte die Produktionsmittelindustrie noch einen Anteil von 44 Prozent an der gesamten Industrieproduktion gegenüber 41 Prozent vor 1913.[11]

In der Endzeit der UdSSR lag dieser Anteil bei 75 Prozent.[12] Dieser extrem hohe Prozentsatz der Produktionsmittelindustrie auf Kosten des Konsums, mit dem viel Stahl aber wenig Butter produziert wurde, wurde zum Wesensmerkmal der Sowjetwirtschaft. Wer dieses Merkmal der Sowjetwirtschaft nicht zu erklären weiß, der hat das Sowjetsystem nicht verstanden.

[1] Carr, E.H. and Davies, R.W.: A History of Soviet Russia. Vol. 9 + 10: Foundations of a Planned Economy (1926-1929) London 1. Ed. 1969, S. 274.
[2] Carr, E.H. and Davies, R.W.: A History of Soviet Russia. Vol. 9 + 10: Foundations of a Planned Economy (1926-1929) London 1. Ed. 1969, S. 85.
[3] zitiert nach Carr, E.H. and Davies, R.W.: A History of Soviet Russia. Vol. 9 + 10: Foundations of a Planned Economy (1926-1929) London 1. Ed. 1969, S. 28
[4] bestehend aus Stalinfraktion plus rechter Flügel
[5] Carr, E.H. and Davies, R.W.: A History of Soviet Russia. Vol. 9 + 10: Foundations of a Planned Economy (1926-1929) London 1. Ed. 1969, S. 278
[6] zitiert nach Carr, E.H. and Davies, R.W.: A History of Soviet Russia. Vol. 9 + 10: Foundations of a Planned Economy (1926-1929) London 1. Ed. 1969, S. 288.
[7] zitiert nach Carr, E.H. and Davies, R.W.: A History of Soviet Russia. Vol. 9 + 10: Foundations of a Planned Economy (1926-1929) London 1. Ed. 1969, S. 287.
[8] zitiert nach Carr, E.H. and Davies, R.W.: A History of Soviet Russia. Vol. 9 + 10: Foundations of a Planned Economy (1926-1929) London 1. Ed. 1969, S. 424.
[9] zitiert nach Carr, E.H. and Davies, R.W.: A History of Soviet Russia. Vol. 9 + 10: Foundations of a Planned Economy (1926-1929) London 1. Ed. 1969, S. 329.
[10] Hellbeck, Jochen (Hrsg.): Tagebuch aus Moskau 1931 – 1939. Aufzeichnungen des Stepan Podlubnyi. München 1996, S. 128.
[11] Carr, E.H. and Davies, R.W.: A History of Soviet Russia. Vol. 9 + 10: Foundations of a Planned Economy (1926-1929) London 1. Ed. 1969, S. 271. Ein Verhältnis 40 zu 60 – Produktionsmittelsektor zu Konsumtionsmittelsektor – entspricht ungefähr der Größenordnung, den diese Sektoren heute in Deutschland haben.
[12] Nove, Alec: The Soviet Economic System. Boston, Third Edition, 1986. S.19.

2.2. Tschernobyl – Störungen des Sowjetbetriebes

Die sowjetischen Produktionsmittel wurden im wesentlichen durch behördliche Direktiven von Betrieb X an Betrieb Y zugeteilt. Im Sowjetsystem war es also nicht das Kapital, das Arbeiter und Produktionsmittel zusammenbrachte, sondern die Direktiven der Planerbürokratie. Nehmen wir an, sowjetische Werktätige haben sich weisungsgemäß zu ihrem ersten Arbeitstag in einem Sowjetbetrieb eingefunden. Wie unterschied sich nun ein sowjetischer Arbeitstag von einem kapitalistischen? Das ist unser nächstes Thema.

Der Kapitalismus ist eine epochemachende Produktionsweise wegen seiner planvollen und ökonomischen Organisation des Arbeitsprozesses. *„Jeder Betrieb der Warenproduktion wird zugleich Betrieb der Ausbeutung der Arbeitskraft; aber erst die kapitalistische Warenproduktion wird zu einer epochemachenden*

Ausbeutungsweise, die in ihrer geschichtlichen Fortentwicklung durch die Organisation des Arbeitsprozesses und die riesenhafte Ausbildung der Technik die ganze ökonomische Struktur der Gesellschaft umwälzt und alle früheren Epochen unvergleichbar übergipfelt.“ [1]

Planvolle Organisation des Arbeitsprozesses spart Mühe, Ressourcen und Zeit. *„Gemeinschaftliche Produktion vorausgesetzt, bleibt die Zeitbestimmung natürlich wesentlich. Je weniger Zeit die Gesellschaft bedarf, um Weizen, Vieh etc. zu produzieren, desto mehr Zeit gewinnt sie zu anderer Produktion, materieller oder geistiger. Wie bei einem einzelnen Individuum, hängt die Allseitigkeit ihrer Entwicklung, ihres Genusses und ihrer Tätigkeit von Zeitersparnis ab. Ökonomie der Zeit, darein löst sich schließlich alle Ökonomie auf.“* [2]

Die Väter der Sowjetunion hatten geglaubt, sie könnten die planvolle kapitalistische Betriebsorganisation auf die gesamte Volkswirtschaft übertragen. Lenin hatte zum Auftakt der Oktoberrevolution in seinem Werk „Staat und Revolution“ angekündigt: *„Ein geistreicher deutscher Sozialdemokrat der siebziger Jahre des vorigen Jahrhunderts bezeichnete die (preußisch-wilhelminische! W.B.) Post als Muster sozialistischer Wirtschaft. Das ist durchaus richtig. ... Unser nächstes Ziel ist, die gesamte Volkswirtschaft nach dem Vorbild der (preußisch-wilhelminischen? W.B.) Post zu organisieren...“* [3]

Indem die Sowjetplaner versuchten, preußischen Untertanengeist und kapitalistische Fabrikdisziplin auf die ganze Gesellschaft zu übertragen, haben sie der Gesellschaft ihre Freiheit geraubt und die Individuen zu Untertanen ihres Planerwillens erniedrigt. Gehofft hatten sie wohl, sie könnten damit das für den Kapitalismus typische Chaos, die Krisen, die Verschwendung von Ressourcen auf der volkswirtschaftlichen Ebene vermeiden. Tatsächlich ist es den Bolschewiki nicht einmal gelungen, in jedem einzelnen Staatsbetrieb die planvolle Organisation des Arbeitsprozesses in kapitalistischen Großunternehmen zu erreichen.

Der sowjetische Betriebsalltag war gekennzeichnet von Leerlauf und Stockung zur einen Zeit, Überarbeit zur anderen Zeit, von Verschwendung von Energie, Material, Zeit und Arbeitskraft. Warum das kein Zufall, sondern systemnotwendig war, wird im folgenden gezeigt.

Der linke Glaube an die wirtschaftliche Überlegenheit des Sowjetsystems blieb im Westen resistent gegenüber jeder Kritik und gegenüber allen Fakten, weil jeder einzelne Mangel zwar zugegeben, aber gleichzeitig durch externe Faktoren „entschuldigt“ wurde: Die ererbte Rückständigkeit sei schuld, die Einkreisung sei schuld, der Weltkrieg sei schuld, der Rüstungswettlauf sei schuld, die Fehler von einzelnen Parteiführern (Stalin, Chruschtschow oder Gorbatschow) seien schuld, die westliche Medien seien schuld usw. Das Sowjetsystem an sich sei „im Prinzip“ gut.

Die Lohnabhängigen im Westen reagierten von Beginn an sehr sensibel auf alle Systemschwächen der Sowjetunion, weil sie wohl wussten, dass diese Mängel vor allem auf Gesundheit, Arbeitskraft und Lebensverhältnisse der Werktätigen gehen mussten. Was die Einschätzung der Sowjetwirtschaft anging, waren die Lohnarbeiter im Westen den Linken im Westen weit voraus.

Erst der katastrophale Unfall im Atomkraftwerk Tschernobyl machte das ganz normale sowjetische Betriebschaos auch für linke Augen im Westen unübersehbar. Dass erst jetzt der sowjetische Alltag von den Westlinken wahrgenommen wurde, bewies die rapide schwindende Moral und Zahl der DKP-Mitglieder. Georg Fülberth, ehemaliges Vorstandsmitglied der DKP, schrieb:[4] *„Der offene Ausbruch der Partei-Krise kann auf den Tag genau datiert werden: am 26. April 1986 ereignete sich im Kernkraftwerk Tschernobyl in der UdSSR ein schwerer Unfall, bei dem große Mengen Radioaktivität freigesetzt wurden. ... Der Unfall von Tschernobyl lenkte ... die Aufmerksamkeit auf die Tatsache, dass in der UdSSR weithin noch nicht einmal westliche Sicherheitsstandards erreicht wurden, und hier sogar mit besonderen Gefahren aufgrund schlechter Bauausführung sowie von verantwortungslosem Verhalten im Arbeitsalltag gerechnet werden musste.“* Als dann unter dem frischen Eindruck dieser Atomkatastrophe wenige Tage später am 2.-4. Mai der 8. Parteitag der DKP tagte, kam es erstmals (!) zu kritischen Stellungnahmen gegen die Parteiführung auf einem DKP-Parteitag, ohne dass das mit dem Parteiausschluss für die Kritiker endete. Trotzdem begann *„mit Tschernobyl ... eine Austrittswelle, die nicht mehr gestoppt werden konnte.“* [5]

Warum war betriebliches Chaos in der Sowjetwirtschaft systembedingt? Dieses Chaos entsprang notwendig aus dem Widerspruch von behördlich vorgeschriebenem Output und unsicherer Zulieferung sowie aus der fehlenden Selbständigkeit der Unternehmen.

Was auf der Ebene der Volkswirtschaft der Vorteil der Sowjetwirtschaft ist, dass knappe Ressourcen gebündelt werden können, und dass die Ressourcen nicht wie im Kapitalismus nach Profitgesichtspunkten eingesetzt werden, diese Vorteile gelten im Sowjetsystem nicht auf betrieblicher Ebene. F. Engels hatte von der kapitalistischen Produktionsweise gesagt, sie sei gekennzeichnet durch den *„Gegensatz zwischen der Organisation der Produktion in der einzelnen Fabrik und der Anarchie der Produktion in der ganzen Gesellschaft“*[6]. Über die sowjetische Produktionsweise kann man mit gleichem Recht sagen, dass sie durch den Gegensatz zwischen der Organisation der Produktion in der ganzen Gesellschaft und der Anarchie der Produktion in der einzelnen Fabrik gekennzeichnet ist.

2.2.1. Störungen aus der Zulieferung

In der Sowjetwirtschaft bestimmten die Direktivplaner über langfristig bindende

Lieferverträge zwischen den Betrieben, wer an wen was liefert. Bei Nichterfüllung von Lieferverträgen hatte ein Vertragspartner kaum Möglichkeiten zu reagieren. Doch Nichterfüllung der eigenen Produktionsziffern hatte Sanktionen durch die Planungsbehörden zur Folge. Die Zirkulation der Produkte, das heißt, ob die Produkte in der richtigen Zeit und in der richtigen Menge am richtigen Platz waren, kümmerte den Lieferbetrieb nicht.

Fehllieferungen, Lieferverzögerungen, Unterlieferungen wie Überlieferungen waren die häufige Folge, was den Produktionsprozess im Empfängerbetrieb unterbrechen und verzögern musste und somit dessen Planerfüllung gefährdete. So standen die sowjetischen Betriebe immer in der Zwickmühle zwischen dem Zwang zur Planerfüllung auf der einen Seite und der mangelhaften und unregelmäßigen Material- und Energieversorgung auf der anderen Seite.

Alle Produkte gegen Ende einer Planperiode (Woche, Monat, Jahr) wurden hastig produziert und waren von schlechterer Qualität, weil trotz verspäteter Anlieferung die Planziffern noch erreicht werden mussten.[7]

Schon im Jahr 1927 klagte ein Delegierter auf dem 4. Sowjetkongress, dass die Fabriken ihre zugeteilten Materialien und Anlagen nicht rechtzeitig und nicht in der festgesetzten Menge erhielten. *„Dieses Problem zieht sich durch unsere gesamte Wirtschaft.“* [8]

Der Widerspruch zwischen bindenden Planziffern und unsicherer Versorgung mit Produktionsmittel zwang die sowjetische Betriebe dann dazu, extrem hohe Lagerbestände an Rohstoffen und Materialien und eine *innere Reservearmee* an Arbeitskräften zu halten. Jeder Betrieb bestellte grundsätzlich mehr als er brauchte, um wenigstens das zu erhalten, was er brauchte. Jeder Betrieb hortete möglichst viel knappe Versorgungsgüter, was deren Knappheit insgesamt nur verschärfte.

Andererseits versuchte jeder Betrieb bei der eigenen Planungshierarchie möglichst geringe Planziffern durchzusetzen, die die Kapazitäten nicht auslasten, um trotz häufiger Materialstockungen den Plan in der verbleibenden Zeit erfüllen zu können.

Der systembedingte Widerspruch, dass der Output jedem Betrieb bürokratisch vorgeschrieben war, er aber auf seinen Input keinen Einfluss hatte, personifizierte sich in der Gestalt des zwielichtigen betrieblichen *„Tolkach“* („Schieber“). Der Tolkach war ein improvisierender Materialbeschaffer im Auftrag eines Produktionsbetriebes, der mit legalen und illegalen Mitteln rechtzeitige oder zusätzliche Zulieferungen ermöglichen sollte. Er versuchte also, die notwendigen Störungen der sowjetischen Zirkulation auszutricksen. Sein Repertoire reichte von politischen Drohungen bis zur materiellen Bestechung. Und da die Tolkachs verschiedener Betriebe miteinander um prompte Belieferung konkurrierten, bildeten sie eine Hierarchie von wirtschaftlichem Einfluss und politischer Macht, in der einflussreiche Betriebe bevorzugt beliefert wurden und die anderen das Nachsehen hatten.

Die ständigen Stockungen und Reibungen in der die Produktion vermittelnden Zirkulation wurden daher sowohl eine Quelle des Schwarzmarktes für Produktionsmittel, als auch ständiger Anlass für Bestechungen, Schmiergeldzahlungen, echten Drohungen und falschen Versprechungen. Alle Kampagnen gegen Korruption konnten da nichts ausrichten. Die illegale Schattenwirtschaft war und blieb eine systemnotwendige Ergänzung der bürokratischen Planwirtschaft.

2.2.2. Störungen durch bürokratische Eingriffe ins Management

Am 7. August 1974 stand in der Prawda folgender Bericht:

„Das berühmte Leningrader Werk „Elektrosila" erhält vom Ministerium einen Jahresplan, der aufschlüsselt, in welchem Monat welche Maschinen oder Anlagen hergestellt werden müssen... Die Manager des Werkes fanden heraus, dass bei dieser Arbeitsanordnung Monate vorkamen, in denen die Arbeit nicht fertig wurde, während zu anderen Zeiten nichts zu tun war. Dieses Problem hätte durch eine einfache Änderungen in der Reihenfolge der Maschinenherstellung gelöst werden können. Aber die Fabrik hatte nicht die Macht so eine Entscheidung zu treffen und der Vorschlag wurde von oben abgelehnt ..." [9]

Nach einer Untersuchung aus dem Jahr 1973 in 95 Unternehmen des Gebiets von Novosibirsk stellte sich heraus, dass sie in einem normalen Jahr *1.554 Änderungen ihrer Jahrespläne* verordnet bekamen.[10] Das macht pro Arbeitstag durchschnittlich 5 behördliche Eingriffe in den ursprünglich geplanten Produktionsablauf – wenn das nicht Chaos macht!

Im Jahr 1984 berichtete die Prawda: *„Jahrespläne werden zu spät an die Betriebe gegeben und werden dann noch x-mal geändert. Statt die Zahl der verpflichtenden Planziffern zu verringern, wurden sie vermehrt, Materialzuteilungen entsprachen nicht den Produktionsplanziffern, der Plan selber stimmte nicht mit den langfristigen Lieferverträgen überein, Beträge, die in dezentrale Projekte investiert werden sollten, wurden willkürlich von oben abgeschöpft ..."* [11]

Auch im modernen Kapitalismus, wo Kapitalbesitz und Management längst getrennt sind, mag es vorkommen, dass ein Kapitaleigner sich in eine Detailfrage seines Unternehmens einmischt. In der Sowjetwirtschaft dagegen herrschte ständiger Anlass zur Einmischung von oben durch ständig veränderte Prioritäten der Planer, die sich sofort auf eine Vielzahl von Entscheidungen und Wirtschaftsebenen bis hinunter in jede einzelne Fabrik auswirkten.

Es heißt, dass Ordzhonikidze, der 1930 bis 1937 für die sowjetische Schwerindustrie verantwortlich war, mit jeder einzelnen Fabrik der Schwerindustrie in der gesamten Sowjetunion eine direkte Telefonverbindung hatte, und dass er diese Leitungen ständig nutzte, um Leute, Material und Anlagen von einem Betrieb in den anderen zu schaffen.[12]

2.2.3. Störfaktor Schlüsselindustrie

Produktionschaos entstand nicht nur notwendig dadurch, dass die Planerbürokratie ständig ihre Meinung und damit die Planvorgaben änderte, sondern auch durch den strukturellen Gegensatz von privilegierten „Schlüsselbetrieben“ und „Schlüsselprodukten“ – darunter der gesamten Rüstungs- und Weltraumindustrie – auf der einen Seite und den „Normalbetrieben“ und „Normalprodukten“ auf der anderen Seite. Die Belieferung der Schlüsselbetriebe und ihre Produktion hatten absoluten Vorrang, und ihr einigermaßen reibungsloser und kontinuierlicher Produktionsprozess wurde gerade dadurch erkauft, dass bei allen anderen Produkten, Betrieben und Sektoren die Störungen und das Chaos vergrößert wurden, bis die privilegierte Produktion und der privilegierte Sektor versorgt war.

Ein sowjetischer Ökonom schrieb 1971: *„Der Produktionsplan eines Unternehmens enthält normalerweise Ziffern für die Planerfüllung bei den wichtigsten Produktionssorten. Die Produktion und Lieferung von allen 'weniger wichtigen' Produkten fällt also aus dem System.“* [13]. In der sowjetischen Textilindustrie waren Hosen z.B. 'wichtige' Produkte, Reißverschlüsse für Hosen aber nicht. Das führte dazu, dass Reißverschlüsse chronisch knapp waren, und falls überhaupt, dann erst spät geliefert wurden.

Die Privilegien der Schlüsselindustrien brachten es dazu, dass es innerhalb des ständig gestörten sowjetischen Produktionsprozesses Betriebe gab, die kapitalistische Effektivität erreichten oder übertrafen, ohne dass deshalb der gesamte Produktionsprozess nach ihrem Modell organisiert werden konnte. Die Effektivität der Schlüsselbetriebe wurde erkauft durch Unterbrechung des gesamten übrigen Produktionsprozesses und damit durch die erhöhte Ineffektivität aller anderen Betriebe.

In welch enormem Ausmaß der sowjetische Produktionsprozesses durch systembedingte Störungen stockend und diskontinuierlich verlief, bewies eine sowjetische Untersuchung von 1975, die feststellte, dass in den letzten 9 Arbeitstagen eines jeden Monats rund doppelt so viel produziert wird wie *in den ersten 14 Arbeitstagen jeden Monats.* [14] Bei einer gleichmäßigen Produktionsleistung während der gesamten 23 Arbeitstage eines Monats auf dem Niveau der letzten 9 Tage hätte das eine *Produktionssteigerungen von 44 Prozent* ergeben. Oder umgekehrt: Weil es so häufige Produktionsstockungen in sowjetischen Betrieben gab, wurde nur knapp 70 Prozent von dem geschafft, was bei gleichmäßiger Produktionsauslastung möglich gewesen wäre.

Natürlich gibt es auch Stockungen im Kapitalismus. Aber innerbetriebliche Stockungen der Produktion sind für den Kapitalismus eher untypisch. Typische kapitalistische Störungen sind vor allem Stockungen in der Zirkulationsphase, also während des Einkaufs und Verkaufs der Waren: *„Kontinuität ist aber das charakteristische Merkmal der kapitalistischen Produktion und durch ihre technische Grundlage bedingt, wenn auch nicht immer unbedingt erreichbar.*" [15]

„Just-in-Time-Production" mag in kapitalistischen Betrieben nie vollständig umzusetzen sein, in sowjetischen Betrieben jedoch war ein solches Produktionsideal prinzipiell undenkbar und undurchführbar.

Die Produktion in der Sowjetwirtschaft war vor allem durch Störungen während der Produktionsphase gekennzeichnet, die teils über die chaotische Zirkulation, teils durch ständige Intervention der Direktivplaner in den Produktionsprozess wie durch die Privilegierung von Schlüsselbetrieben entstanden. Diese systembedingten Störungen bewirkten einen ständigen Wechsel zwischen erzwungener Beschäftigungslosigkeit und Überarbeit zu „Stoßzeiten" innerhalb des Arbeitsprozesses.

Während für den Kapitalismus die Überarbeit für die Beschäftigten bei erzwungener Untätigkeit der Arbeitslosen außerhalb der Betriebe typisch ist, war Untätigkeit in der Sowjetwirtschaft nicht notwendig mit Verlust des Arbeitsplatzes verbunden, sondern es gab weitverbreitete innerbetriebliche Untätigkeit als Warten auf die nächste Phase der Überarbeit. Insofern erfüllte dieser innerbetriebliche Vorrat an Arbeitskraft für das Sowjetsystem ganz ähnliche Aufgaben wie die industrielle Reservearmee der Arbeitslosen im Kapitalismus.

Wir hatten gesehen, dass Arbeiter und Produktionsmittel im Kapitalismus durch Kaufakte und im Sowjetsystem durch Direktiven zusammen kommen. Karl Marx hat die kapitalistische Verknüpfung von Arbeitskraft und Produktionsmitteln auf die Formel gebracht: Der Kapitalist kauft spezielle Waren und verwandelt dadurch Geld in produktives Kapital (Arbeiter + Produktionsmittel), im kapitalistischen Produktionsprozess wird eine neue Ware von höherem Wert produziert. Also Kurzformel:

G – W(A+Pm) ... P ... neue Ware mit höherem Wert[16],

wobei P für den *Produktionsprozess* steht.

In der Sowjetwirtschaft läuft der Vorgang anders ab: Eine Direktive weist dem Betrieb X Arbeiter und Produktionsmittel (von Y) zu und die Produktion beginnt. Als Formel:

Direktive – (A + Pm) ... P ... Produkt

[1] Karl Marx, Das Kapital II. MEW 24, S. 42.

[2] Karl Marx, Grundrisse der Kritik der politischen Ökonomie, S. 89.

[3] W. I. Lenin, Staat und Revolution, III. Kap., 3. Abschn., Ausgewählte Werke Bd. II, S. 359.

[4] Georg Fülberth: KPD und DKP 1945 – 1990, zweite Aufl. 1992: S. 168f.

[5] Georg Fülberth, KPD und DKP 1945 – 1990, zweite Aufl. 1992, S. 169.

[6] F. Engels, MEW 20, S. 255.

[7] vgl. Nove, Alec: An Economic History of the U.S.S.R., Harmondsworth 1972, 1986. S. 97.

[8] zitiert nach Carr, E.H. and Davies, R.W.: A History of Soviet Russia. Vol. 9 + 10: Foundations of a Planned Economy (1926-1929) London 1. Ed. 1969, S. 833.

[9] zitiert nach Nove, Alec: The Soviet Economic System. Boston, Third Edition, 1986 S. 102.

[10] Nove, Alec: The Soviet Economic System. Boston, Third Edition, 1986. S. 99.

[11] zitiert nach Nove, Alec: The Soviet Economic System. Boston, Third Edition, 1986., S. 85f .

[12] Nove, Alec: An Economic History of the U.S.S.R., Harmondsworth 1972, S. 266.

[13] zitiert nach Nove, Alec: The Soviet Economic System. Boston, Third Edition, 1986., S. 104.

[14] vgl., Nove, Alec: The Soviet Economic System. Boston, Third Edition, 1986., S. 228.

[15] Karl Marx, Das Kapital II. MEW 24, S. 106.

[16] „Durch G – W <APm, die Verwandlung von Geldkapital in produktives Kapital, bewirkt der Kapitalist die Verbindung der gegenständlichen und persönlichen Faktoren der Produktion...“ Karl Marx, Kapital II. MEW 24, 36. „Der Gebrauch der Arbeitskraft, die Arbeit, kann nur im Arbeitsprozess realisiert werden... Der Kapitalist ... kann andererseits die Arbeitskraft nur vernutzen, indem er durch sie die Produktionsmittel als Warenbildner vernutzen lässt. Das Resultat des ersten Stadiums ist also der Eintritt in das zweite, das produktive Stadium des Kapitals. Die Bewegung stellt sich dar als G – W <APm ... P, ...“ Karl Marx, Kapital II. MEW 24, S. 40.

3. Störungen der Zirkulation

3.1. Waren werden in Geld verwandelt

Nehmen wir an, dass die sowjetische Produktion – mit welchen Hindernissen und Störungen auch immer – durchlaufen ist, und ein fertiges Produkt hergestellt wurde. An dem Produkt selber kann man nicht unbedingt erkennen, in welchem Wirtschaftssystem es produziert wurde. Das Getreide, das in Südamerika von leibeigenen Campesinos geerntet wird, unterscheidet sich nicht von dem Getreide eines einzelwirtschaftenden Bauern in Polen oder dem eines kapitalistischen Landwirtschaftsbetriebs in Niedersachsen, der mit Lohnarbeitern bewirtschaftet wird. Für Industrieprodukte gilt – mit Abstrichen – ähnliches.[1] Egal ob ein Produkt in Einzelarbeit, genossenschaftlich oder in Lohnarbeit geschaffen wurde, wenn es für Geld verkauft wird, ist das Produkt eine Ware.

Der Warenbesitzer verkauft das fertige Produkt und nimmt dafür Geld ein. Falls es sich um einen kapitalistischen Warenbesitzer handelt, erhält er im Normalfall durch den Verkauf der produzierten Ware den Gegenwert seines vorgeschossenen Kapitals (Ankauf von Arbeitskraft und Produktionsmittel) plus einen Gewinn zurück. Das Ziel des Kapitalisten ist es, mit seinem vorgestreckten Geld mehr Geld zu machen. Die Produktion von Waren, die notwendig dazwischen liegt, ist den Kapitalisten nur ein notwendiges Übel. Der Zugewinn an Geld, den ein Kapitalist nach einer Geschäftsoperation im Verhältnis zu seinem investierten Kapital in Händen hält, die Profitrate, ist seine Triebfeder und sein Erfolgskriterium. *„Am Schluss des Prozesses befindet sich der Kapitalwert also wieder in derselben Form, worin er in ihn eintrat, kann also wieder von neuem als Geldkapital eröffnen und durchlaufen. Eben weil die Ausgangs- und Schlussform des Prozesses die des Geldkapitals (G) ist, wird diese Form des Kreislaufprozesses von uns als Kreislauf des Geldkapitals bezeichnet. Nicht die Form, sondern nur die Größe des vorgeschossnen Kapitalwerts ist am Schluss verändert."[2] „G' ..., zusammengesetzt aus G, dem Kapitalwert, und g, dem durch diesen erzeugten Mehrwert, drückt verwerteten Kapitalwert aus, den Zweck und das Resultat, die Funktion des gesamten Kreislaufprozesses des Kapitals."* [3]

Anders als der Kapitalismus war das Sowjetsystem jedoch nicht darauf ausgerichtet, „Geld zu machen". Geldgewinn war nicht das Ziel der Sowjetwirtschaft, und wir haben gesehen, dass der sowjetische Produktionszyklus auch nicht mit Geld eingeleitet wurde, sondern mit einer Direktive. Geld stand auch nicht am Ende eines jeden sowjetischen Produktionszyklus.

Allerdings wurde auch im Sowjetsystem für Lohnzahlungen Geld ausgezahlt, das erst mit dem Verkauf von Konsumwaren wieder zurückkehrte. Für diesen besonderen Kreislauf der Konsummittel für die sowjetischen Werktätigen galt: Geld wird als Lohnzahlung benutzt um Arbeitskraft zu kaufen (G – A). Die Arbeiter treten mit ihren Lohngeldern als Käufer von Konsummittel auf den Markt (G – W). Die Lohngelder fließen automatisch durch den Warenverkauf wieder an den Staat als Warenbesitzer zurück (W – G). Kurz:

G(Staat) – W(Arb.), G(Arb.) – W – G(Staat)

Bezeichnend für diesen Geldkreislauf ist jedoch, dass sich dabei das Geld nicht vermehrt. Die Geldmenge, die als Lohnzahlung vom sowjetischen Staat in den Kreislauf geworfen wurde, kehrte durch den Verkauf der Konsumtionsmittel an die Werktätigen wieder an den Staat zurück.

Kein Kapitalist wäre mit diesem Geldkreislauf zufrieden. Wenn seine vorgeschossene Geldsumme gleich der eingenommen Geldsumme ist, dann fühlt er sich um sein Geld betrogen. Natürlich kommt das vor, und es kommt auch vor, dass Kapitalisten Verlust machen. Aber das machen sie nie lange, sondern erklären dann schnell ihren Bankrott und ziehen sich aus dem Geschäft zurück.

Im Sowjetsystem konnte im Konsumtionsbereich die in Lohn vorgestreckte Summe gleich der für Konsumtionsmittel eingenommen Geldsumme sein oder das eingenommene Geld sogar unter dem vorgestreckten Geld liegen, falls der Sowjetstaat bestimmte Waren subventionierte, die in den Konsum der Werktätigen eingingen. Der Staat verzichtete dann auf die Realisierung produzierter Werte. Er verkaufte das hergestellte Produkt W' nicht unbedingt zum tatsächlichen Wert (inklusive Mehrwert), sondern eventuell darunter. So kam es vor, dass in der Sowjetunion das Brot billiger sein konnte als das Mehl, das in dem Brot verbacken wurde.

Allerdings konnten die Direktivplaner die Subventionen für Konsumtionsmittel von vornherein bei der Lohnzahlung einsparen. Sie zahlten in Höhe der Lebensmittelsubventionen entsprechend weniger Lohn.

Insofern die Arbeitskraft im Sowjetsystem mit Entgeld bezahlt wurde, das auf dem Markt in Waren (Konsumtionsmittel) verwandelt wurde, insofern bestand kein Unterschied zur kapitalistischen Ware Arbeitskraft und ihrer Reproduktion durch Warenkonsum.

Wie die sowjetischen Planer der großen, aber doch noch überschaubaren Anzahl von Betrieben befahlen, was sie produzieren sollten, so versuchten sie einer Millionenzahl von einzelnen Konsumenten vorzuschreiben, was sie konsumieren sollen und was nicht. Das nur möglich innerhalb in einer gefängnishaften Umgebung.

Innerhalb der Arbeitswelt ist auch der kapitalistische Lohnarbeiter dem fremden Willen der Unternehmensführung unterworfen. In seiner Reproduktionszeit, der „Freizeit" ist der Lohnarbeiter zwar durch die Höhe des

Lohns beschränkt, hat aber ansonsten freie Entscheidung, was er mit seinem sauer verdienten Geld macht.

Natürlich hatten die sowjetischen Werktätigen das selbstverständliche Interesse, zunehmend mehr Bedürfnisse zu befriedigen und wollten daher, dass ihr Konsum ausgeweitet wurde. Im Sowjetsystem war aber der private Konsum wie im Kapitalismus als Warenproduktion organisiert. So ergab sich das absurde Phänomen, dass die sowjetischen Werktätigen scheinbar den Kapitalismus herbeisehnten, wogegen mit mehr oder minder despotischen Mitteln die Parteibürokratie den „Sozialismus" durchsetzte. Das ist der reale Hintergrund für die Appelle der Sowjetbürokratie an den „sozialistischen Menschen", der nicht nur klaglos die Bevormundung und Despotie des Sowjetsystems erträgt, sondern geradezu herbeisehnt. Existiert hat dieser „sozialistische Mensch" nur auf Papier, wie im Gedicht des Sowjetbarden W. Majakowski, das uns heute nur komisch vorkommt:

„Ich sehe
mich
als eine Sowjetfabrik,
um zu
produzieren
das Glück.
...
Ich will,
dass mir
die Planer des Staats
alljährlich
die Arbeitslast
in heißer Debatte
vorschreiben
auf strengem
Kontrollzifferblatte.
...
Ich will,
dass am Abend,
nach Arbeitsschluss,
der Betriebsrat
die Lippen mir
zuschließen muss."[4]

In diesem Konflikt zwischen dem von der Bürokratie geschaffenen verplanbaren Kunst-Menschen und den wirklichen Menschen mit ihrem selbstverständlichen und fortschrittsträchtigen Bedürfnis nach reicherem und reichhaltigerem

Genuss[5] blieb die Planungsbürokratie erstaunlich erfolgreich: Zuletzt machte die Warenproduktion für den Konsumgüterbereich wertmäßig nur noch ein Viertel der sowjetischen Industrieproduktion aus. Die Folgen davon werden uns in den folgenden Abschnitten noch beschäftigen.

3.2. Produktionsmittelverteilung ohne Geld

Sowjetische Produkte, die an die Konsumenten im eigenen Land oder auf dem Weltmarkt verkauft wurden, waren nichts als Waren und ihre Produktion war Warenproduktion. Wir hatten jedoch festgehalten, dass die sowjetischen Waren zwar wie kapitalistische Waren für Geld verkauft wurden, nicht unbedingt aber für mehr Geld, als ihre Produktion gekostet hat. Das aber ist Sinn und Zweck der kapitalistischen Warenproduktion. Falls auf dem Weltmarkt sowjetische Waren unter ihren Produktionskosten verkauft wurden, um knappe Devisen einzunehmen, wurde ein Teil der aufgewandten sowjetischen Arbeitszeit verschleudert bzw. an das ausländische Kapital verschenkt.

Innerhalb der sowjetischen Produktionsmittelindustrie wurde zwar noch in Rubel gerechnet, aber was als fertiges Produkt aus einem Produktionsmittelbetrieb herauskam, wurde durch Direktiven an einen anderen Betrieb zugewiesen. Innerhalb der sowjetischen Produktionsmittelindustrie verwandelten sich also die Produkte nicht in Geld, sondern gingen wieder in den nächsten Betrieb als Arbeitsmaterial oder Arbeitsmittel ein, um dort in ein neues Produkt verwandelt zu werden.

Betrachten wir einmal die Produktionskette: *Erzförderung – Stahlherstellung – Maschinenherstellung* von drei kapitalistischen Unternehmen und lassen dabei die Arbeitskraft außer Acht. Diese Produktionskette sieht dann folgendermaßen aus:

Kapital I: G – Fördermittel ... P ... Eisenerz – G';
Kapital II: G – Eisenerz (von I) ... P ... Stahl – G';
Kapital III: G – Stahl (von II) ... P ... Maschinen – G'.

Kapitalistische Unternehmen kaufen mit ihrem Geld die nötigen Produktionsmittel von einem anderen Kapitalisten und produzieren ein neues Produkt, das es in Geld rückverwandelt. Mit diesem Gelderlös – bzw. einem Teil davon – wird dann derselbe Produktionsprozess erneut in Gang gesetzt.

Die sowjetischen Direktivplaner setzten aber ihre Produktionsprozesse nicht mit Geld, sondern mit Direktiven in Gang. Der erste sowjetische Produktionsprozess wäre also:

Direktive/Sollziffer – Fördermittel (an Betrieb 1) .... P ... Eisenerz.

Kann sich hier der nächste Produktionsprozess einfach anschließen? Nein, denn nicht der sowjetische Betrieb 1 entscheidet, welcher Betrieb 2 wie viel Eisenerz für die Stahlherstellung geliefert bekommt, sondern die Planerbürokratie entscheidet das. Also meldet der Betrieb 1 nach erfolgter Produktion eine statistische Ziffer (x Tonnen Eisenerz) an die Zentrale. Die Planer dort entscheiden anhand dieser Planziffer, welcher Betrieb 2 wie viel Eisenerz von dem Betrieb 1 erhalten soll. Als Formeln ausgedrückt:

Direktive an 1 mit Sollziffer – Fördermittel ... P ... Eisenerz – Istziffer 1;
Direktive an 2 mit Sollziffer – Eisenerz (1. an 2.) ... P .... Stahl – Istziffer 2;
Direktive an 3 mit Sollziffer – Stahl (2. an 3.) ... P .... Maschinen – Istziffer 3.

Der kapitalistische Zirkulationsprozess kann nicht ohne Dazwischentreten von Geld, also nicht ohne Verwandlung der Ware in Geld vonstatten gehen. Das Sowjetsystem kam im Bereich Produktionsmittelproduktion – wie hier gesehen – ohne Geld aus, musste aber dafür alle Produkte in statistische Ziffern verwandeln.

Die statistischen Ziffern waren nicht nur Steuerungsinstrument, sondern auch Erfolgskriterium der sowjetischen Wirtschaft. Ein sowjetischer Produktionszyklus war dann erfolgreich, wenn die an die Planer gemeldete Produktionsziffer, mindestens die Auftragsziffer erreichte, die die Planer aus Ausgangszahl für ihre Direktive nahmen. Das hieß dann: Plan erfüllt!

Der Kreislauf der Sowjetwirtschaft kehrte so zu seinem Ausgangspunkt zurück: Er begann jeweils mit einer Direktive plus Soll-Planziffer und endete mit der Ist-Planziffer. Die Direktive mit Sollziffer ist das spezielle Mittel, das die sowjetische Produktion in Gang setzt, die Istziffer ist ihr Resultat.

Der Kapitalist vergleicht sein realisiertes Kapital am Ende eines Kreislaufes mit seinem vorgeschossenen Kapital und errechnet daraus seinen Gewinn. Die Direktivplaner dagegen verglichen ihre Ist-Planziffern mit ihren Soll-Planziffern und ermitteln daraus ihren Planungs- und Produktionserfolg.

3.3. Die Tücken der Planziffern

Über den viel beschworenen Unterschied zwischen sowjetischer Statistik und sowjetischer Wirklichkeit braucht man sich nicht lange aufzuhalten. Auch der Kapitalist hat am Ende seines Kreislaufs zum Teil nur „statistisches“ Geld in Händen, in Form von Schuldforderungen, die er selbstverständlich auf seiner Habenseite verbucht, obwohl sich oft genug herausstellt, dass seine Schuldner zahlungsunfähig sind, so dass seine Geldforderung nur eine Ziffer auf Papier bleibt und sich nicht in wirkliches Geld verwandelt.

Wesentlich für die Sowjetwirtschaft war nicht, dass die Statistik log, sondern dass die statistische Ziffer die einzige und damit scheinbar objektive Basis der Direktivplanung bildete. Wer die Wahrheitsbasis der sowjetischen Statistik kritisierte, trat nur für eine verbesserte Statistik ein. Jede Verbesserung der Statistik brachte aber notwendig mehr Bevormundung und Kontrolle. Die wesentliche Kritik am Sowjetsystem ist nicht, dass sich die Produzenten und die Planer gegenseitig mittels Statistik betrogen, wesentlich ist, dass die Werktätigen nicht von ihren Bedürfnissen ausgehend selber bestimmen konnten, was, wie und in welcher Menge produziert wird. Die sowjetischen Werktätigen waren weder Herren ihrer selbst noch Herren der Produktion.

Bis Mitte der 60er Jahre wurde die sowjetische *Planerfüllung allein nach der Produktionsmenge des Herstellerbetriebes* gemessen, ganz gleich, ob diese Produkte ausgeliefert und von einem produktiven oder individuellen Konsumenten zum Verbrauch akzeptiert worden sind oder nicht.[6] Die Produkte am Ausgang der Produktion erschienen in der Statistik, bevor sie im produktiven oder individuellen Konsum auftauchten. In der sowjetischen Statistik erschienen notwendig mehr Produkte als im Konsum. Der Produktionserfolg bestand auf dem Papier und blieb nur Papier.

Erst seit 1965 zählten nicht verkaufte oder nicht ausgelieferte Produkte nicht mehr in der Statistik. Davon abgesehen, dass das immer noch einen Ansporn darstellte, dem Abnehmerbetrieb mehr zu liefern als er bestellt hatte, oder anderes zu liefern als er bestellt hatte[7], wogegen sich die Abnehmer nicht wehren konnten, wurde durch diese Bestimmung immerhin die Scheinproduktion für die Statistik erschwert. Die Regelung reduzierte den statistischen Selbstbetrug der Planer.

Natürlich bestimmten die planerischen Vorgaben das Ergebnis der Produktion. Darin lag ja die angebliche Überlegenheit des Sowjetsystems über den Kapitalismus. Aber die planerischen Vorgaben bestimmten die Produktionsergebnisse in einer widersprüchlichen Weise, die offenbarte, dass Planer und Produzenten widerstreitende Interessen hatten.

Bis Mitte der 60er Jahre waren die Direktivpläne *nur quantitativ bestimmt*: Es mussten so viel Tonnen Stahl, so viel Liter Öl, so viel Meter Stoff, so viel Tonnen Getreide und so viel Stück Schuhe, Schiffe, Maschinen usw. hergestellt werden. Der „Gebrauchswert" aller Produkte wurde rein quantitativ definiert. Das entsprach einer Logik des Mangels: Wer hungert, fragt nicht nach Verschiedenheit und Geschmack des Essens, sondern nur nach der Menge. Wer friert, gibt sich mit jedem wärmenden Stoff zufrieden, egal welche Farbe er hat.

Durch diese quantitativen Vorgaben wurde sowjetischer Stahl, sowjetisches Glas, sowjetisches Papier, sowjetische Maschinen und Fahrzeuge durchschnittlich dicker und schwerer als ihre im Westen produzierte Gegenstücke. Solange sowjetischer Kleiderstoff in Metern geplant wurde, wurden die Stoffbahnen schmaler. Das wurde korrigiert durch Änderung der Planziffern in Quadratmeter, aber damit waren Qualitätsverschlechterungen, dünnere und fehlerhafte Stoffe vorprogrammiert.[8] Der Produktionsplan für Glühbirnen war in Watt festgelegt. Das führte zu chronischer Knappheit bei 40- und 60-Watt-Birnen, weil die Produzenten mit 100-Watt-Birnen ihren Plan viel leichter erfüllen konnten.

Straßentransport-Unternehmen erfüllten ihre Pläne in Tonnenkilometer. Also zogen sie lange Strecken den kurzen und schwere Ladungen den leichten vor. Sogar Fahrten ohne Ladungen gingen in die Planerfüllung ein, weil sie den Kilometer-Koeffizienten vergrößerten.[9]

1974 berichtete die Prawda: „*Wasserrohre wurden in einer Fabrik schwer und teuer hergestellt, aber leichtere Rohre hätten die Planerfüllung erschwert... Das Management setzte sich erfolgreich dafür ein, dass die Planziffer von Tonnen in Meter geändert wurde, aber nur um festzustellen, dass die leichteren Rohre schwerer absetzbar waren, weil die Transportunternehmen, die Projektplaner und die Bauunternehmer alle ihre Pläne nach Gewicht erfüllten und daher lieber mit schweren Rohren zu tun hatten.*“ [10]

Was immer die Planungsbürokratie an Plänen ausarbeitete, für die Werktätigen waren es fremde Pläne, nicht ihre eigenen. Es war ein fremder Wille, der ihnen aufgezwungen wurde, nicht ihr eigener Wille, so dass jeder nur das Notwendigste für die auferlegten Pläne tat. Sowjetische Werktätige waren Ausführende, nicht selbstbestimmte Produzenten. Die Planbürokratie reagierte auf passiven Widerstand anfangs mit Terror, der Ingenieure in Arbeitslager oder in den Tod schickte, wenn die von ihnen entworfene Technik versagte, andererseits verfeinerten und vermehrten die Planer zunehmend ihre Vorschriften. Auch wenn mit zunehmender Reife des Sowjetsystems die Werktätigen nicht mehr um ihr Leben fürchten mussten, so wurde ihre eigene Ohnmacht und die Macht der Planerbürokratie immer weiter ausgebaut.

Die Einführung des „Bruttoproduktionswertes“ als ergänzende Planziffer, die neben die Mengenpläne trat und sie austarieren sollte, schuf neue Widrigkeiten: Der Bruttoproduktionswert enthielt den Gesamtwert eines Produkts einschließlich seiner Material-, Maschinen- und Lohnkosten. So waren die Pläne leichter zu erfüllen, wenn teure und mehr Vorprodukte verarbeitet wurden. Das wurde zur Quelle der sowjetischen Material- und Energieverschwendung.

Eine Reform von 1982 führte noch einen „normierten Nettoproduktionswert“ (NNP) als weiteren Maßstab der Planerfüllung ein, der dem in dem jeweiligen Betrieb neu zugesetzten Mehrprodukt entsprechen sollte. Erst mit dieser Maßnahme wurde betriebswirtschaftliche Effektivität stärker betont. Dass damit die Absurditäten des sowjetischen Wirtschaftssystems nur verlagert, aber nicht beseitigt wurden, zeigt der Fall des Leningrader Elektrizitätswerkes: die Beschäftigten dieses Betriebes wurden nach 1982 mit Prämienabzug wegen

Nichterfüllung ihres Plansolls an ausgelieferter Elektrizität bestraft. Die Ursache für diese Nichterfüllung des Plansolls war ein besonders milder Winter, in dem weniger Heizwärme nachgefragt worden war.[11]

Mit jeder Reform wurden die Kontrollziffern vermehrt, so dass sie sich zunehmend gegenseitig außer Kraft setzten. Die Prawda[12] klagte 1983: *„Die Zahl der Kontrollziffern wächst, und allein ihre schiere Anzahl garantiert schon, dass sie nicht erfüllt werden, weil sie sich gegenseitig widersprechen... Ab 1979 gab es für die monatliche Kontrolle der Produktionskosten ... 29 Indikatoren, im letzten Jahr wurde ihre Zahl auf 75 erhöht. Vierteljahresabrechnungen erforderten früher 92 Indikatoren, jetzt sind es 200.“*

Hier gelangte das sowjetische Wirtschaftssystem an seine selbstgeschaffene, innere Grenzen. Um jede Eigenmächtigkeit und Eigenverantwortung der Unternehmen auszuschließen, verfeinerten und vermehrten die Planerbürokratie ihre Kontrollziffern immer mehr, bis diese so unübersichtlich und in sich widersprüchlich wurden, dass die Planerbürokratie zunehmend den Überblick verlor und die Betriebe wieder an Selbständigkeit gewannen. Da kein Unternehmen mehr alle Kontrollziffern einhalten konnte, konnten sich die sowjetischen Betriebe zunehmend aussuchen, welche Planziffern sie einhalten wollten und welche nicht.

Indem die zentrale planerische Bevormundung immer mehr verfeinert wurde, brachte sie das genaue Gegenteil von dem hervor, was sie erreichen wollte: wachsende Lähmung der Planbürokratie und zunehmende Selbständigkeit der Unternehmen.

3.4. Direktivpreise und ihre Störungen

Wir hatten gesehen, dass für die Kapitalisten der Zweck ihrer Geschäftstätigkeit ist, dass sie für ihr investiertes Geld mehr Geld zurückbekommen. Erst wird Geld in Ware und dann wieder Ware in Geld verwandelt. Damit diese Verwandlung möglich wird, muss die Ware in Geld berechenbar sein, die Ware muss einen Preis haben, sonst ist sie nicht für Geld austauschbar. Der Preis ist die vorweggenommene Menge Geld, in die eine Ware sich tauschen soll. Der Preis drückt also die künftige Form der Ware aus. Karl Marx nannte den Preis *„die Geldform der Ware“* [13].

So wichtig Preise für das Funktionieren des Kapitalismus sind, für die Sowjetplaner spielten Preise eine untergeordnete Rolle, weil ihre Wirtschaft nicht auf Gelderwerb ausgerichtet war. Wenn die individuellen Kosten eines sowjetischen Unternehmens stiegen, in der Landwirtschaft z.B. wegen Missernten oder in der Industrie z.B. durch längere Produktionsstockung, durften die Verkaufspreise solcher Produzenten die individuelle Kostensteigerung nicht widerspiegeln. Sie durften ihre Preise nicht erhöhen.

Für viele Güter, vor allem Brennstoffe und Rohstoffe, lagen die festgesetzten Verkaufspreise häufig weit unter den Produktionskosten. Die Erzeugerkosten für eine *Tonne Kohle* lag im Jahr 1932 bei 19 Rubel, ihr festgelegter Verkaufspreis an andere Betriebe war 9,65 Rubel.

Die Erzeugerkosten für eine *Tonne Eisenerz* betrug damals gut 10 Rubel. Es musste für 5,70 Rubel abgegeben werden.

Eine *Tonne Zement* kostete in der Herstellung 46 Rubel und brachte im Verkauf 27 Rubel.

Diese Preise wurden erst im Jahr 1936 angepasst.[14]

Betriebliche Unterschiede in den Kosten wurden überhaupt nicht, regionale Unterschiede nur gering berücksichtigt. Umgekehrt durften Produktivitätssteigerungen, die die Produktionskosten senkten, nicht als Preissenkung an die Verbraucher weitergegeben werden.

Die Preisfestsetzung sollte ganz in der Hand der Planerbürokratie bleiben. Auch wenn es im Kapitalismus längst nicht mehr so ist wie in der einfachen Warenproduktion, dass der Preis einer einzelnen Ware ihrem Wert entspricht, so versuchten sich die Sowjetplaner bei ihrer Preisgestaltung bewusst und absichtlich vom Wert (bzw. den jeweiligen Produktionskosten) zu entfernen. Diese Freiheit der Preissetzung unabhängig vom Wert war jedoch nur scheinbar. Willkürliche Preisfestsetzungen durch die Planer brachten ganz spezifische unangenehme Folgen für die Sowjetwirtschaft.

Je niedriger die staatlichen Preise für Konsumgüter im Vergleich zu ihren Herstellungskosten angesetzt waren, desto schneller verschwanden die Produkte aus den Geschäften. Gleichzeitig entstand dann notwendig ein Schwarzmarkt für diese Produkte. Die Getreidekrise von 1927, der Auslöser der „stalinistischen" Wirtschaftspolitik, wurde dadurch hervorgerufen, dass die Bauern sich weigerten, ihr Getreide zu den zu niedrig festgesetzten Direktivpreisen zu verkaufen.

Im Jahr 1927 wurden die Verkaufspreise für die knappen Güter Seife und Tee gesenkt, was zur Folge hatte, dass sie fast völlig aus den Geschäftsregalen verschwanden, um auf Privatmärkten zu erhöhten Preisen wieder aufzutauchen. [15]

Vor diesen ungewollten Konflikten zwischen dem Wert der Produkte und ihrem staatlichen festgesetzten Preis musste die sowjetische Planerbürokratie immer wieder kapitulieren, indem sie für eine Zeitlang doppelte Preise zuließen. Dann sollte eine Ware zu zwei Preisen verkauft werden: Zum staatlich festgesetzten Preis im staatlichen Handel und zu einem deutlich erhöhten Marktpreis in Sonderläden oder auf dem Schwarzmarkt. Tatsächlich stellte sich auch hier ein einziger Preis dadurch her, dass diese Produkte mit „doppeltem Preis" aus den staatlichen Läden verschwanden.

Folgende Waren konnten die Sowjetbürger im Jahr 1990 neben vielen anderen nur auf dem Schwarzmarkt kaufen, nicht in sowjetischen Läden.

Tab. 1: Sowjetische Schwarzmarktwaren 1990[16]

Ware	Schwarzmarktpreis in Rubel	Direktpreis in Rubel
Anoraks	1.000	150
Importstiefel	2.000	140
Lederschuhe	300	55
Nagellack	25-40	1,5
Schafspelzjacken	3.000-7.000	1.500
Socken	20-30	1-3
Sportschuhe	1.000	35
Winterjacken	1.500-3.000	180

Sämtliche Preise wurden anfangs in der UdSSR durchschnittlich alle zehn Jahre angepasst. In den letzten Jahren der UdSSR wurden die Preise in immer kürzeren Abständen angepasst, aber das führte zu einer wachsenden Lähmung des Planungsapparates. Die zentrale Planungsbehörde musste in den 80er Jahren jährlich 200.000 Einzelpreise überprüfen und bestätigen, weitere 275.000 Preise[17] wurden in jedem Jahr von den Einzelministerien neu festgesetzt, ohne dass das die strukturellen Mängel des sowjetischen Direktiv-Preissystems behob.

3.5. Sonderläden für Privilegierte

Wie das System der bürokratischen Direktivpreise den Schwarzmarkt schuf, so brachte es auch die Sonderläden für Partei- und Staatsfunktionäre hervor.

Falls im Kapitalismus die Versorgung mit einem Gut knapp ist, können sich die Reichen die Versorgung mit diesem Gut jederzeit durch ihre hohen Einkommen sichern, die sie in die Lage bringen, hohe und überhöhte Preise zu zahlen. Im Kapitalismus herrscht allenfalls Knappheit für Konsumgüter der Lohnabhängigen, zum Beispiel bei billigem Wohnraum. Reiche finden jederzeit und überall Wohnraum. Ihre zahlungskräftige Nachfrage erzwingt sich durch höhere Preisangebote den Zugang zu jeder knappen Ware.

Bei dem starren sowjetischen Preissystem hätten selbst höchste Einkommen der herrschenden Schicht nicht sichergestellt, dass sie ungehinderten Zugang zu allen knappen Waren erhielten. Da die Preise bei Knappheit nicht steigen durften, hatten die nächstbesten Kunden den Laden leergekauft, bevor der Herr Genosse Parteisekretär seinen Kaviar bekam. Legalen Zugang der herrschenden Klasse zu knappen Gütern konnte in der Sowjetwirtschaft nicht über die Preise geschehen, sondern musste durch privilegierte Versorgung, über Sonderläden, Sonderrestaurants, Sonderkrankenhäuser und Sonderwohngebiete geregelt werden.

Die ersten Sonderläden für Partei- und Staatskader, zu denen die normalen Werktätigen keinen Zugang hatten, wurden während der Versorgungskrise von 1927/28 unter Stalin eingerichtet[18] und wurden seither zum notwendigen Systembestandteil.

[1] „Die vom Kapitalisten hergestellte Ware unterscheidet sich soweit in nichts von der durch einen selbständigen Arbeiter oder von Arbeitergemeinden oder von Sklaven hergestellten Ware." Karl Marx, Kapital II. MEW 24, S. 386.

[2] Karl Marx, Kapital II. MEW 24, S. 48f.

[3] Karl Marx, Das Kapital II. MEW 24, S. 52.

[4] W. Majakowski: Ausgewählte Gedichte, Nach Hause (1926). Berlin 1946, S. 68f.

[5] „Also Explorieren der ganzen Natur, um neue nützliche Eigenschaften der Dinge zu entdecken; universeller Austausch der Produkte aller fremden Klimate und Länder; neue Zubereitungen (künstliche) der Naturgegenstände, wodurch ihnen neue Gebrauchswerte gegeben werden... die Entwicklung der Naturwissenschaft daher zu ihrem höchsten Punkt...; die Kultur aller Eigenschaften des gesellschaftlichen Menschen und Produktion desselben als möglichst bedürfnisreichen, weil Eigenschafts- und Beziehungsreichen – seine Produktion als möglichst totales und universelles Gesellschaftsprodukt – (denn um nach vielen Seiten hin zu genießen, muss er genussfähig, also zu einem hohen Grad kultiviert sein) – ist ebenso eine Bedingung der auf das Kapital gegründeten Produktion... Entwicklung von einem sich stets erweiternden und umfassenden System von Arbeitsarten, Produktionsarten, denen ein stets erweitertes und reicheres System von Bedürfnissen entspricht." Karl Marx, Grundrisse der Kritik der politischen Ökonomie, S. 312f.
„Je mehr dies selbst geschieht – durch die Produktion selbst erzeugten Bedürfnisse, die gesellschaftlichen Bedürfnisse – Bedürfnisse sind, als notwendig gesetzt sind, um so höher ist der wirkliche Reichtum entwickelt. Der Reichtum besteht stofflich betrachtet nur in der Mannigfaltigkeit der Bedürfnisse." Marx, Grundrisse der Kritik der politischen Ökonomie, S. 426.

[6] Nove, Alec: The Soviet Economic System. Boston, Third Edition, 1986., S. 91.

[7] vgl. Nove, Alec: The Soviet Economic System. Boston, Third Edition, 1986., S. 92.

[8] vgl. Nove, Alec: The Soviet Economic System. Boston, Third Edition, 1986. S. 89.

[9] Nove, Alec: The Soviet Economic System. Boston, Third Edition, 1986. S. 90.

[10] zitiert nach Nove, Alec: The Soviet Economic System. Boston, Third Edition, 1986., S. 88.

[11] Nove, Alec: The Soviet Economic System. Boston, Third Edition, 1986., S. 94.

[12] zit. nach Nove, Alec: The Soviet Economic System. Boston, Third Edition, 1986., S. 83.

[13] Karl Marx, Kapital I. MEW 23, S. 110.

[14] Nove, Alec: An Economic History of the U.S.S.R., Harmondsworth 1972, S. 247.

[15] Carr, E.H. and Davies, R.W.: A History of Soviet Russia. Vol. 9 + 10: Foundations of a Plan-

ned Economy (1926-1929) London 1. Ed. 1969, S. 692.

[16] nach: Altrichter, Helmut: Kleine Geschichte der Sowjetunion 1917-1991. München 1993, S. 225.

[17] Nove, Alec: The Soviet Economic System. Boston, Third Edition, 1986, S. 180.

[18] Carr, E.H. and Davies, R.W.: A History of Soviet Russia. Vol. 9 + 10: Foundations of a Planned Economy (1926-1929) London 1. Ed. 1969,. S. 703.

4. Produktion wofür? – das Ziel des Wirtschaftskreislaufs

4.1. Produktion für den Bedarf?

Die sowjetische Produktion begann mit einer Sollplanziffer, die als Direktive an einen Betrieb X. geschickt wurde. Der Betrieb X. produzierte im Produktionsvorgang P ein Produkt und meldete dann an die Planbürokratie die Ist-Ziffern seiner Produkte. Damit war für Betrieb X. der Produktionsvorgang abgeschlossen.

Dies kann in die Formel gebracht werden:

Direktive mit Sollziffer an Betrieb ... P ... Produkt – Istziffer an Planer.

Aus der Istziffer wurden von den Planern dann neue Sollziffern für den Betrieb X und andere Betriebe entwickelt. Die Tätigkeit der Planbürokraten bestand darin, die vielen Planziffern aufeinander zu beziehen und miteinander abzustimmen.

In den Worten der Sowjetplaner bestand jedoch das Ziel ihres Wirtschaftens nicht dem Vergleich von Istziffern mit den Sollziffern und der Entwicklung neuer Sollziffern. Noch im Jahr 1952 behauptete Stalin, die Sowjetwirtschaft sorge für die *„Sicherung der maximalen Befriedigung der ständig wachsenden materiellen und kulturellen Bedürfnisse der gesamten Gesellschaft...“* [1] Ein späteres Handbuch der Planbürokraten meint: *„Die Befriedigung des Bevölkerungsbedarfs ist unmittelbares Ziel der sozialistischen Gesellschaftsordnung...“*[2]

In einer nicht durch Geld bestimmten Gesellschaft müssen die Güter nicht nur in passender Menge, Varietät und Qualität produziert, sondern auch an den jeweils bedürftigen Verbraucher verteilt werden. Falls dies nicht vollständig und in jedem einzelnen Punkt erfüllt wird, bleiben individuelle und gesellschaftliche Bedürfnisse einerseits unbefriedigt, und wurde andererseits die Arbeit an die produzierten, aber nicht verbrauchten Güter verschwendet.

Eine bedarfsgerechte Produktion ist überhaupt nur möglich, wenn alle Gesellschaftsmitglieder ihre Bedürfnisse gegenseitig anmelden und darüber ein rationaler Entscheidungsprozess stattfindet, der Art, Qualität und Menge dieser Bedürfnisse mit den Produktionskapazitäten abstimmt. *„Nur wo die Produktion unter wirklicher vorherbestimmender Kontrolle der Gesellschaft steht, schafft die Gesellschaft den Zusammenhang zwischen dem Umfang der gesellschaftlichen Arbeitszeit, verwandt auf die Produktion bestimmter Artikel, und dem Umfang des durch diese Artikel zu befriedigenden gesellschaftlichen Bedürfnisses.“* [3] Auf dem heutigen Stand der Technik könnte eine bedarfsgerechte Produktion folgendermaßen organisiert sein:

> 1. Auf kommunaler Ebene werden Produkt- und Dienstleistungsbörsen eingerichtet, die landesweit vernetzt sind. Alle Gesellschaftsmitglieder melden ihren privaten Bedarf an diese kommunalen Börsen. Hinzu kommt noch die Nachfrage der Kommunen für Gemeinschaftsaufgaben wie Bildung, Kranke, Notzeiten etc., für die die Kommunen besondere Fonds in Form von Arbeitsguthaben und Sachmittel unterhalten. An diese Börsen melden die Betriebe ihre Produktions- und Serviceangebote und bestellen ebenfalls ihre betriebliche Nachfrage. Ein Landesfonds mit Weltgeld wird eingerichtet für den Waren- und Dienstleistungsverkehr mit dem kapitalistischen Ausland.
> Die kommunalen Börsen verrechnen landesweit Angebot und Nachfrage. Die Kommunen übernehmen die Verteilung und Transport der hergestellten Produkte und bestellten Dienstleistungen.
> 2. Alle Grundsatzentscheidungen über Produktion und Verteilung werden in Urabstimmungen auf betrieblicher, kommunaler oder landesweiter Ebene getroffen. Entscheidungen einer Repräsentationsebene können durch Urabstimmung der jeweils Vertretenen korrigiert werden.
> 3. Die bisherigen Betriebsräte der Belegschaften treten an die Stelle der Aufsichtsräte des Kapitals und übernehmen deren Rechte. Kleinbetriebe werden in Genossenschaften umgewandelt.
> 4. Alle Repräsentanten (Räte) in Betrieb und öffentlicher Verwaltung (Stadträte, Landesräte) werden (zwei)jährlich in geheimer und direkter Persönlichkeitswahl (keine Listenwahl) gewählt.
> 5. Alle Betriebe führen ihre Kalkulation, Buchführung und Forschung und Entwicklung öffentlich (z.B. im Internet).
> 6. Alle Sitzungen von Repräsentanten (Betriebsräte, Stadträte, Landesräte) sind öffentlich für die von ihnen Vertretenen (werden z.B. auch live im kommunalen oder landesweiten Fernsehen übertragen).
> 7. Jeder hat Anspruch auf dieselbe Ausbildungszeit. Nach einer theoretischen und praktischen Allgemeinausbildung ist die Verteilung der restlichen Bildungsjahre über ein Lebensalter frei.
> 8. Alle Beschäftigungsverhältnisse werden auf Zeit abgeschlossen. Die langjährige Fesselung an einen Betrieb oder eine einzige Beschäftigung stirbt aus.

Man wird gegen dieses Modell einer Bedarfswirtschaft einwenden, dass doch tausend Meinungsverschiedenheiten auftreten werden, weil jedes Gesellschaftsmitglied eigene Bedürfnisse hat, die sich von den Bedürfnissen der anderen unterscheiden. Das ist völlig richtig. Aber erst in einer solchen Bedarfswirtschaft wird auf die individuell verschiedenen Bedürfnisse Rücksicht genommen, und findet eine gemeinsame Debatte vor der Produktionsentscheidung statt, was, wie und in welchem Umfang hergestellt werden kann und hergestellt werden soll. Weder im Kapitalismus noch im Sowjetsystem wird für die vorhandenen Bedürfnisse der Gesellschaftsmitglieder gewirtschaftet. In beiden Wirtschaftssystem spielen die wirklichen Verbraucherbedürfnisse so gut wie keine Rolle für die Produktionsentscheidungen.

4.2. Kapitalistische Produktion für Angebot und Nachfrage

Der kapitalistische Produktionsvorgang läuft nach der Formel ab:

G – W ... P ... W' – G'.

Geld, das Arbeitskraft und Produktionsmittel kauft, steht am Anfang, vermehrtes Geld nach Verkauf der produzierten Ware steht am Ende. Ziel und Zweck der kapitalistischen Produktionsweise ist die Geldvermehrung in der Hand des Kapitalisten.

Zwar wird im Kapitalismus nicht für den Bedarf, sondern für Profit produziert, trotzdem spielt der Bedarf eine wichtige Rolle, denn der Profit, der in der produzierten Ware steckt, kann nur in Geld verwandelt werden, wenn die Ware auch wirklich und vollständig verkauft wird. *„In W' – G' ist der Verkauf von W' direkt enthalten; aber W' – G', Verkauf von der einen Seite, ist G – W, Kauf von der andern, und die Ware wird endgültig nur ihres Gebrauchswertes wegen gekauft, um (von Zwischenverkäufen abgesehen) in den Konsumtionsprozess einzugehen, sei dieser nun individuell oder produktiv, je nach der Natur des gekauften Artikels.“* [4] Im Kapitalismus wird jedoch erst nach fertiger Produktion und Auslieferung der Produkte an den Handel sichtbar, wie groß und welcher Art die Nachfrage oder der Bedarf ist. Die Kapitalisten versuchen zwar durch Marktforschung diese systembedingte Unsicherheit zu reduzieren. Aber wie sich nicht zuletzt bei der Investitionsentscheidung über die UMTS-Lizenzen gezeigt hat, können und wollen Kapitalisten nicht warten, bis ein Bedarf sichtbar ist. Sie produzieren für Profit und hoffen, dass sich die Nachfrage für ihre Produkte schon finden wird. In jeder kapitalistischen Produktionsentscheidung steckt Spekulation. In einem Buch über Alan Greenspan, den Finanz-Guru der neunziger Jahre, heißt es: *„Mr. Greenspan trifft schwierige Entscheidungen häufig aus seinem Bauch heraus.“* – Denn: *„Die amerikanische Wirtschaft ist kompliziert und in jeder Prognose steckt auch ein Stück pure Vermutung.“* [5]

Unsere Wissensbeamten an den Universitäten dürfen jedoch nicht zugeben, dass Erfolg im Kapitalismus auf Spekulation und Bauchentscheidungen beruht.

Sie lehren eine Theorie, nach der die Preisbewegungen ein vorhandenes Missverhältnis zwischen Angebot und Nachfrage beseitigen. Diese Harmonielehre eines „Marktgleichgewichts“ ist jedoch nur kapitalistischer (Selbst)Betrug. Steigende Preise verdrängen nur solche Konsumenten aus einem knappen Markt, die über zu geringe Geldmittel verfügen. Nicht der wirkliche Bedarf verändert sich bei steigenden Preisen, sondern nur die zahlungsfähige Nachfrage.

Wenn Wohnungen knapp sind, sorgen nach kapitalistischer Vorstellung steigende Wohnungspreise für ein „Marktgleichgewicht“: Die Zahl der Wohnungssuchenden geht zurück. Dass die Zahl der mit ihrer Wohnung Unzufriedenen und die Zahl der Wohnungslosen dann steigt, kümmert diese Markttheoretiker nicht, sie tauchen auf dem Wohnungsmarkt nicht auf. Es ist ihr eigenes Pech, und die „wissenschaftliche“ Theorie der Ökonomen behält recht. Allein der Geldbesitz, die Kaufkraft, bestimmt im Kapitalismus die Nachfrage und damit über Art und Menge der Bedürfnisse, die befriedigt werden.

4.3. Diktierter sowjetischer Bedarf

Im Kapitalismus regiert König Zufall, herrscht weitgehende Anarchie in der Volkswirtschaft. Die Wirtschaftswissenschaftler können diese Tatsache nur schlecht mit ihrer Theorie bemänteln, dass durch Preisbewegungen notwendig ein Gleichgewicht entsteht, falls das Angebot die gesellschaftliche Nachfrage nicht deckt. Sie berücksichtigen dabei nicht wirkliche Bedürfnisse, sondern nur zahlungskräftige Nachfrage.

Anhand der Direktivpreise war zu sehen, dass in der Sowjetwirtschaft Preisbewegungen nur in geringem Maß die Nachfrage und noch weniger das Angebot steuern konnten. Da Geld in den sowjetischen Wirtschaftsabläufen eine geringere Rolle als im Kapitalismus spielte, konnten und wollten die Planbürokraten die Theorie vom Marktgleichgewicht nicht übernehmen. Sie behaupteten: *„Es ist falsch, sich vorzustellen, dass die Preise Angebot und Nachfrage ausgleichen sollen. Das Gleichgewicht zwischen Angebot und Nachfrage ... ist die Aufgabe der Planungsorgane.“* [6] Die Planungsbürokraten legten im Sowjetsystem mehr oder minder selbstherrlich fest, wie groß die gesellschaftliche Nachfrage sein darf.

Dabei unterstellten die Planbürokraten fälschlich, dass die individuelle Nachfrage eine feste Größe sei, die – multipliziert mit der Anzahl der Gesellschaftsmitglieder – als berechenbare Größe in den von ihnen beschlossenen Produktionsplan eingehen könne.

Das hat Karl Marx ausdrücklich als Illusion bezeichnet: *„Es scheint also, dass auf der Seite der Nachfrage eine gewisse Größe von bestimmtem gesellschaftlichem*

Bedürfnis steht, das zu seiner Löschung bestimmte Menge eines Artikels auf dem Markt erheischt. Aber die quantitative Bestimmtheit dieses Bedürfnisses ist durchaus elastisch und schwankend. Seine Fixität ist Schein....." [7]

Die Planbürokraten meinten, dass sie den gesellschftlichen Bedarf kennen würden – zwar nicht als individuelle Größen, aber als gesellschaftliche Summe. Über den beschönigenden Begriff „*Bedarfslenkung*" heißt es im DDR-Wörterbuch der Ökonomie: „*System von Maßnahmen zur aktiven Einflussnahme auf den Bedarf, insbesondere auf Umfang und Struktur des Bevölkerungsbedarfs nach Konsumgütern, um diesen langfristig und kurzfristig zu steuern. Ziel der Bedarfslenkung sind die Verwirklichung wichtiger Prinzipien der sozialistischen Lebensweise, die Herstellung einer weitgehenden Übereinstimmung zwischen dem Bedarf und den Angebotsmöglichkeiten der Volkswirtschaft sowie die Sicherung einer reibungslosen Zirkulation der Konsumtionsmittel bei niedrigen Kosten.*" [8]

Im Sowjetsystem konnten die Gesellschaftsmitglieder noch weniger als im Kapitalismus über ihre Bedarfsbefriedigung entscheiden. Vielmehr legten die Planbürokraten fest, welche Bedürfnisse sie für wichtig hielten. Nur solche von der Planbürokratie akzeptierten Bedürfnisse wurden in den Plan aufgenommen. Die Prawda gab offen zu, dass nur solche Gebrauchswerte berücksichtigt würden, „*die von den oberen Behörden erkannt, gebilligt und in eine Direktive verwandelt worden sind*" [9].

Im zentralen Direktivplan (Gosplan) der Sowjetunion wurden zuletzt wertmäßig 80 % aller zu produzierenden und zu verteilenden Produkte und Waren festgelegt und bestimmt, die Produktionsgüter sogar zu 97%.[10]

In der Anfangszeit der Russischen Revolution und der Sowjetunion, in einer Situation des allgemeinen Mangels, konnte ein zentraler „Direktivplan" die Bedürfnisse der gesamten Gesellschaft noch einigermaßen richtig widerspiegeln.

Die Bolschewiki hatten sich zum Beispiel in der Russischen Revolution mit der Losung durchgesetzt: *Frieden, Brot und Land!* Das waren damals die grundlegenden Bedürfnisse des russischen Volkes. Das damalige durch Zarismus und Krieg verursachte Leid und Elend war so himmelschreiend, dass es von einer kleinen Minderheit der Gesellschaft, den Bolschewiki, erkannt, aufgegriffen und in ein politisches Programm umgesetzt werden konnte.

Je entwickelter die gesellschaftlichen Bedürfnisse werden, um so weniger können sie von einer kleinen Elite festgestellt und berücksichtigt werden, selbst wenn diese Elite die besten Absichten hätte. Diese Erfahrung musste auch Lenin machen – dies und die Notlage 1921 zwangen ihn zur Formulierung der *Neuen Ökonomischen Politik*: Mit der NÖP kehrten Lenin und die kommunistische Partei wieder zurück zur Marktregulierung und gestanden indirekt ein, dass sie nicht mehr in der Lage waren, die sowjetische Wirtschaft und Gesellschaft zentral zu steuern.

Erst als diese Wirtschaftsform, die zentrale Planung für ein paar staatliche Großbetriebe und Marksteuerung für die ganze handwerkliche und bäuerliche Kleinproduktion kombinierte, in den Jahren 1927/28 in die Krise geriet, kehrten Stalin und die Parteimehrheit zu einem erneuerten Modell des „Kriegskommunismus" der ersten Revolutionsjahre zurück und beanspruchten wieder für die Partei das Definitionsrecht für gesellschaftliche Bedürfnisse.

Selbst zu dieser Zeit lag noch die abstrakte Notwendigkeit einer Industrialisierung des Landes auf der Hand, strittig mussten dagegen Entwicklungsrichtung, Umfang, Tempo und Methoden bleiben. Weil die abstrakte Notwendigkeit einer beschleunigten Industrialisierung jedoch auf der Hand lag, hatten Stalin und die Bolschewiki ein notorisch gutes Gewissen, wenn sie das Machtmonopol beanspruchten, der ganzen Gesellschaft auch alle Details dieser Industrialisierungsaufgabe mit Gewalt und Terror vorzuschreiben.

Je ehrgeiziger ihre Wirtschaftspläne waren, und je weniger sie die Bedürfnisse der Werktätigen berücksichtigten, desto nötiger war der Druck von oben, desto nötiger wurden bürokratische und polizeiliche Zwangsmittel. Falls der festgelegte Plan dann nicht erfüllt wurde – und er wurde nie erfüllt –, war nicht mehr feststellbar, ob er scheiterte, weil er falsch geplant war oder weil es Obstruktion und Widerstand („Klassenkampf") gegeben hatte, den der obrigkeitliche Druck und staatliche Terror nicht überwinden konnte.

Für das Stalinsche Regime bedeutete jedes Beharren auf individueller oder gesellschaftlicher Eigenständigkeit eine mangelnde Unterordnung unter das Diktat der Partei, war Opposition, gefährdete den Wirtschaftsplan und wurde daher nach Paragraf 58 Strafgesetzbuch[11] verfolgt. *„Wo ein Gesetz ist, da findet sich auch das Verbrechen."* [12] Der Stalinsche Terror schlug jede absichtliche oder unabsichtliche Insubordination als staatsfeindliche Opposition nieder. Dieser Terror war eine systemnotwendige Voraussetzung für den Erfolg von Zwangskollektivierung und beschleunigter Industrialisierung, die von einer herrschenden Minderheit gegen den Willen der Gesellschaft, mindestens aber über die Köpfe der Gesellschaftsmitglieder hinweg, entschieden und durchgezogen wurden.

Dass Chruschtschow nach dem Tode Stalins diesen Terror als systemwidrige Verfehlung hinstellte, war nur eine schlaue Lüge: Chruschtschow versprach damit nichts anderes als weitere enorme Wirtschaftswachstumsraten ohne den damit verbundenen behördlichen und polizeilichen Druck. Diese Schwindelei hat nicht lange gehalten. Chruschtschows Wirtschaftsreformen und Wirtschaftspläne wurden später offiziell von der Parteispitze nach seiner Entmachtung als *„Phantasterei"* und *„großmäulige Versprechungen"* [13] bezeichnet.

Herr Honecker und die anderen Statthalter des Sowjetsystems in der DDR hatten trotz ihres despotischen Definitionsrechts für alle gesellschaftlichen und individuellen Bedürfnisse bis zuletzt ein notorisch gutes Gewissen. Honeckers eigene enge Vorstellungen von materiellen Bedürfnissen waren: Eine Wohnung mit Fernseher und Sitzgarnitur, eine Kühltruhe mit Wildbraten und ein Gartenhaus im Grünen. Dafür hatten er und die Partei in der DDR gesorgt, also müssten doch alle Menschen zufrieden sein?! So diktierten die DDR-Bürokraten ihren Untertanen als „genehmigten Bedarf", was ihren engen Vorstellungen eines materiell gesicherten Lebens entsprach.[14]

Ein Bürokratenhirn nimmt nur wahr, dass es „im Interesse der Werktätigen handelt", es kann nicht gleichzeitig wahrnehmen, dass dieses „Handeln im Interesse anderer" zwangsläufig nichts anderes als bürokratische und schließlich – wenn Widerstand auftaucht – despotische Bevormundung und Unterdrückung bedeutet. In dieser Hinsicht bestehen keine Unterschiede zwischen einem christdemokratischen, sozialdemokratischen, sozialistischen oder kommunistischen Bürokratengehirn.

Je mehr der behördliche Druck in der Sowjetunion unter der erst altersmilden, dann altersschwachen Herrschaft eines Breschnew und seiner greisen Nachfolger nachließ, desto illusorischer wurde die Erfüllung der sowjetischen Wirtschaftspläne. Aber selbst dann gab es immer noch den amtlichen Trost der „ewig siegreichen Bolschewiki", dass *irgendwelche* Planziffern immer erreicht wurden. Fehlt es an Reißverschlüssen? Aber bei Fahrradspeichen wurde das Soll erfüllt! Strümpfe sind nicht erhältlich? Aber das Plansoll für Schrauben wurde übererfüllt. So glich für die Sowjetplaner eine gute Ziffer eine andere schlechte aus.

Es wurde immer deutlicher: Die Planerfüllung war das einzige Ziel der Sowjetwirtschaft, die Bedürfnisbefriedigung blieb bloße Propaganda.

[1] Stalin, Ökonomische Probleme des Sozialismus in der UdSSR. 1952
[2] Wörterbuch der Ökonomie. Sozialismus. S. 131.
[3] Karl Marx, Das Kapital III. MEW 25, S. 197.
[4] Karl Marx, Das Kapital II. MEW 24, S.64.
[5] Justin Martin: „The Man Behind Money". Zit. n. ‚The Economist' 18. November 2000.
[6] Sitnin, 1968, zitiert nach Nove, Alec: The Soviet Economic System. Boston, Third Edition, 1986., S. 181.
[7] Karl Marx, Das Kapital III: MEW 25, S. 198.
[8] Wörterbuch der Ökonomie. Sozialismus. S. 132f.
[9] Prawda 1985, zitiert nach Nove, Alec: The Soviet Economic System. Boston, Third Edition, 1986., S.104.
[10] vgl. Nove, Alec: The Soviet Economic System. Boston, Third Edition, 1986., S. 26 u. S.29.
[11] vergl. A. Solschenizyn: Der Archipel Gulag. Bern 1974. S. 58 – 76.
[12] vergl. A. Solschenizyn: Der Archipel Gulag. Bern 1974. S. 76.
[13] zitiert nach Altrichter, Helmut: Kleine Geschichte der Sowjetunion 1917-1991. München 1993, S. 149.
[14] In einem seiner letzten Interviews erklärte E. Honecker: „Unsere Sorge muss sein, dafür

zu sorgen, dass die Menschen Arbeit haben, eine Wohnung, Kleidung, Essen, dass sie ihre kulturellen Bedürfnisse befriedigen können und so weiter." Herzberg, Andert: Der Sturz. Honecker im Kreuzverhör. Berlin 2. Aufl. 1991, S. 76.

5. Wachstum von was?

Reproduktion und Akkumulation

5.1. Einfache Reproduktion

In jeder Gesellschaft ist es wie im Leben eines jeden Individuums erforderlich, die Wirtschaftsvorgänge bzw. Lebensvorgänge ständig zu wiederholen. Damit diese Wiederholung möglich wird, muss die Ausgangssituation wieder hergestellt werden. Karl Marx nannte das Reproduktion. Die Produktion kann also nicht nur beliebig neue Dinge produzieren, sondern muss auch vollen Ersatz für die Vernutzung von Arbeitskraft (privater Konsum) wie für den Verschleiß und Verbrauch von Arbeitsmittel und Arbeitsmaterial liefern. Die Produktion muss also gleichzeitig Reproduktion sein, die zum Ausgangszustand, der zu Beginn der Produktion bestand, zurückführt – als Voraussetzung für die nächste Produktion.

„Die Bedingungen der Produktion sind zugleich die Bedingungen der Reproduktion. Keine Gesellschaft kann fortwährend produzieren, d.h. reproduzieren, ohne fortwährend einen Teil ihrer Produkte in Produktionsmittel oder Elemente der Neuproduktion rückzuverwandeln. Unter sonst gleichbleibenden Umständen kann sie ihren Reichtum nur auf derselben Stufenleiter reproduzieren oder erhalten, indem sie die, während des Jahres z.B. verbrauchten Produktionsmittel, d.h. Arbeitsmittel, Rohmateriale und Hilfsstoffe, in natura durch ein gleiches Quantum neuer Exemplare ersetzt, welches von der jährlichen Produktenmasse abgeschieden und von neuem dem Produktionsprozess einverleibt wird. Ein bestimmtes Quantum des jährlichen Produkts gehört also ihrer Produktion. Von Haus aus für die produktive Konsumtion bestimmt, existiert es großenteils in Naturalformen, die von selbst die individuelle Konsumtion ausschließen.“ [1]

Falls ein Kapitalist seinen gesamten Geldrückfluss für die selbe Menge und Art von Produktionsmittel und Arbeitskraft verwendet wie bei seinem ersten Geschäftsgang, seinen Gewinn (Mehrwert) aber selber verzehrt, nannte das Karl Marx „einfache Reproduktion“: *„Nehmen wir also zunächst die einfache Reproduktion des produktiven Kapitals, wobei wie im ersten Kapitel gleichbleibende Umstände und Kauf und Verkauf der Waren zu ihrem Wert vorausgesetzt sind. Der ganze Mehrwert geht unter dieser Annahme in die persönliche Konsumtion des Kapitalisten ein.“* [2]

Aus der Zeit des Frühkapitalismus kennt man den kapitalistischen Geist der Sparsamkeit. Der Kapitalist soll sein Kapital vermehren, nicht verzehren. Ihm wurde gepredigt, *„dass der einzelne Kapitalist nur als Arbeiter konsumieren“*[3] soll. Besonders der protestantische Geist hat viel zu dieser Einstellung beigetragen.

In der entwickelten kapitalistischen Gesellschaft wird von den Kapitalisten aber keine Sparsamkeit mehr gelebt. Ganz im Gegenteil steigert hier Luxus und Verschwendung das persönliche Ansehen des Kapitalisten und damit seine Kreditwürdigkeit. Den Lohnarbeitern wird dagegen Sparsamkeit gepredigt, solange sie sich noch als Produzenten in ihrem Unternehmen befinden und gar gesündere Arbeitsplätze und höhere Löhne fordern. Sobald sie aber Feierabend haben, predigt ihnen jeder einzelne Kapitalist mit seiner glitzernden Werbewelt: Kaufe, konsumiere und du bist glücklich!

Das Sowjetsystem hatte viel gemein mit dem Asketentum des frühkapitalistischen Protestantismus.

Im „ABC des Kommunismus“ von Bucharin und Preobraschenskij aus dem Jahr 1919 wird als Zielvorstellung angegeben, dass der *„Staat in der Lage sein wird, in seiner Hand eine derartige Menge von Gebrauchsgütern zu vereinigen, wie für die Versorgung aller arbeitenden Mitglieder der kommunistischen Gesellschaft genügt.“[4]* Im selben Buch heißt es später: *„Unser letztendliches Ziel ist ein derartiger Gesellschaftszustand, wo alle Menschen, die aus irgendeinem Grunde ihre Arbeitsfähigkeit eingebüßt haben, die nicht arbeiten können, vollständig gesichert sind ...“* [5].

Abgesehen von der konfusen Vorstellung einer Existenz des Staates in der kommunistischen Gesellschaft, wird hier von einer *„Versorgung der Gesellschaftsmitglieder“* gesprochen. Diese sind passive Versorgungsempfänger – wessen? des Staates! –, also nicht ihre eigene Herren, die sich selbstbestimmt einen Teil des selbst erarbeiteten Arbeitsprodukts zuweisen und verzehren. Als „Versorgungsempfänger“ haben die Sowjetbürger nicht selber zu entscheiden, was ihre Bedürfnisse befriedigt, es ist vielmehr schon von den Bolschewiki im voraus entschieden, dass sie so viel und nicht mehr bekommen als *„für die Versorgung .... genügt“*, so dass ihr Lebensunterhalt *„vollständig gesichert“* ist.

Das ist weitab der immer reicheren Befriedigung aller individuellen Bedürfnisse, wie sie Karl Marx für den Kommunismus prognostizierte: *„In fact aber, wenn die bornierte bürgerliche Form abgestreift wird, was ist der Reichtum anderes, als die im universellen Austausch erzeugte Universalität der Bedürfnisse, Fähigkeiten, Genüsse, Produktivkräfte etc. der Individuen?*
Die volle Entwicklung der menschlichen Herrschaft über die Naturkräfte, die der sogenannten Natur sowohl, wie seiner eigenen Natur?
Das absolute Herausarbeiten seiner schöpferischen Anlagen, ... die diese Totalität der Einwicklung, d.h. die Entwicklung aller menschlichen Kräfte als solcher, ... zum Selbstzweck macht?“ [6].

Die sowjetische Führung predigte Sparsamkeit – nicht weil es wenig zu verzehren gab. Wo es zu wenig zu verbrauchen gibt, muss Sparsamkeit nicht gepredigt werden, sie wird durch die Verhältnisse erzwungen. Die sowjetische

Führung predigte privaten Konsumverzicht, damit möglichst viel übrig blieb für die Verwendung als Produktionsmittel, für die sowjetische Akkumulation.
Das von den Bolschewiki festgelegte Ziel der Sowjetwirtschaft war die beschleunigte Industrialisierung. Dieses Ziel konnte nicht erreicht werden mit einer einfachen Reproduktion, die nur denselben Zustand wiederherstellt, der vor einem Produktionszyklus bestand. Eine beschleunigte Industrialisierung war nur möglich, wenn die Produktionsbasis vergrößert wurde, wenn mehr produziert, als verbraucht wurde. Marx nannte das „erweiterte Reproduktion“ oder „Akkumulation“.

5.2. Sowjetische Akkumulation

5.2.1. Akkumulation von Geld?

Vergrößerung des Kapitals heißt für den Kapitalisten zunächst Vergrößerung des Geldkapitals. Diese Vergrößerung des Geldkapitals kann zwar kontinuierlich erfolgen, aber die anschließende Verwandlung des zusätzlichen Geldkapitals in zusätzliches Produktionskapital kann nur in Etappen und bestimmten Proportionen erfolgen:

„Da die Proportionen, worin der Produktionsprozess erweiterbar, nicht willkürlich, sondern technisch vorgeschrieben sind, so kann der realisierte Mehrwert, obgleich zur Kapitalisierung bestimmt, oft erst durch die Wiederholung verschiedner Kreisläufe zu dem Umfang heranwachsen (muss also bis dahin aufgehäuft werden), worin er wirklich als zuschüssiges Kapital eingehen kann. Der Mehrwert erstarrt also zum Schatz und bildet in dieser Form latentes Geldkapital.“ [7]

Erst wenn das Geldkapital zu einer gewissen Größe angewachsen ist, kann es im Kapitalismus in Produktionsmittel und in produktives Kapital verwandelt werden. In der Statistik taucht diese Tatsache unter anderem als Durchschnittszahl davon auf, wie viel Kapital durchschnittlich nötig ist, um einen Normalarbeitsplatz zu schaffen. Mit dem wachsenden Übergewicht des konstanten Kapitals über die Lohnbestandteile („variables Kapital“) wächst diese Zahl ständig an. Es wird zunehmend mehr Geldkapital pro Arbeitsplatz nötig. Bis eine entsprechende Summe erreicht wird, die entweder einen neuen Arbeitsplatz schafft oder die technische Basis eines vorhandenen Arbeitsplatzes erneuert, wird Geldkapital angesammelt. In der Praxis heißt das, dass die Banken alle diese Beträge aufsammelt, die für sich zu klein sind, um als Kapital zu wirken, um sie sofort in großen Beträgen zu verleihen und damit sofort in produktives Kapital zu verwandeln. Falls ein Kapitalist also nicht warten will, bis sein zusätzliches Geldkapital eine investierbare Größe erreicht hat, kann er sich von der Bank einen entsprechenden Betrag leihen.

Im Sowjetsystem war kein Geld nötig, um eine Investition zu tätigen. Wir haben gesehen, dass Investitionen nicht durch Geld, sondern durch Direktiven angestoßen wurden. Außerdem lag die Investitionsentscheidung nicht beim Einzelunternehmen, sondern bei der Planungszentrale. Diese verfügte gleichzeitig als Verwalter der Staatsbank über die Geldmittel der staatlichen Betriebe. Alles Geld der Unternehmen wurde also ständig bei der Staatsbank zentralisiert und musste nicht vom Einzelunternehmen aufgeschatzt werden, bis es zu einer investierbaren Größe angewachsen war.

Diese zentralisierte Geldsumme wuchs bei der Staatsbank zu einer Größe an, für die Kapitalisten nicht nur eine, sondern viele Aktiengesellschaften hätten gründen müssen. Das verschaffte den sowjetischen Direktivplanern die Verfügungsgewalt über einheitliche Geldsummen, von denen Kapitalisten nur träumen konnten.

Allein im Jahr 1987 setzten die Direktivplaner unter Gorbatschow eine Investitionssumme von 205,4 Milliarden Rubel ein, nach damaligem Kurs rund 340 Milliarden US-Dollar. Alle bundesdeutschen Kapitalisten zusammen investierten im Jahr 1987 für rund 100 Milliarden Dollar.

Aber weil das bundesdeutsche Kapital zersplittert ist, blieb die Summe von 100 Milliarden Dollar nur eine rechnerische Größe und jedes Einzelunternehmen verfügte nur über einen Bruchteil davon. In der Sowjetwirtschaft wirkte die Summe von 340 Milliarden tatsächlich als Gesamtgröße, über die in Politbüro- und ZK-Sitzungen insgesamt verhandelt und entschieden wurde.

Entscheidet in einer kapitalistischen Aktiengesellschaft eine kleine Gruppe von Managern mit ihren wirtschaftlichen Entschlüssen vielleicht über einige zehntausend Schicksale ihrer Lohnarbeiter und damit über das Schicksal einer Stadt oder einer Region, so entschieden die wenige Führer der Sowjetunion tatsächlich über das Schicksal von Millionen Menschen in einem riesigen Land.

Angetreten waren die russischen Revolutionäre mit dem Anspruch der Emanzipation der Lohnarbeiter und aller Werktätigen. Geendet hat diese Revolution mit einer kombinierten wirtschaftlichen, politischen und militärischen Machtfülle einiger weniger Menschen über die ganze ohnmächtige sowjetische Gesellschaft, wie sie in der Geschichte der Menschheit selbst die ägyptischen Pharaonen nicht hatten.

Keine Gesellschaft, die durch die zivilisatorische Schule des Kapitalismus gegangen ist, hat jahrzehntelang eine solche Konzentration von politischer, wirtschaftlicher und militärischer Macht in den Händen weniger zugelassen. Keine moderne Gesellschaft wird jemals wieder eine solche Machtkonzentration ertragen.

5.2.2. Akkumulation von Produktionsmitteln

Seit Ende der zwanziger Jahre wurde die ganze kapitalistische Welt, die in der Weltwirtschaftskrise unter rückläufigen Wachstumszahlen litt, in Erstaunen versetzt über das gleichzeitige hohe sowjetische Wirtschaftswachstum. Es schien damals auf dem Gebiet der Wirtschaft *„keine Festungen“* zu geben, *„die die Bolschewiki nicht nehmen könnten.“* [8]

Kondratieff und andere berühmte Wirtschaftswissenschaftler in der jungen Sowjetunion hatten noch Mitte der 20er Jahre behauptet, dass das Wirtschaftswachstum in der UdSSR wegen ihres Kapitalmangels langsamer als im Westen verlaufen müsse.[9] Tatsächlich stieg das sowjetische Nationaleinkommen bis 1953 durchschnittlich um 10 % bis 12 % pro Jahr. Im Westen lagen die entsprechenden Wachstumsraten im Zeitraum von 1928 bis 1958 durchschnittlich bei 4,8 % .[10]

Die Angaben über das sowjetische Industriewachstum zwischen 1928 und 1940, der Zeit der großen Überproduktionskrise auf dem kapitalistischen Weltmarkt, die erst durch den zweiten Weltkrieg überwunden wurde, schwanken zwischen plus 487 Prozent (sowjetische Angaben) und immer noch atemberaubenden plus 200 – 360 Prozent nach verschiedenen westlichen Schätzungen.[11]

Schon vor Beginn des Zweiten Weltkrieges war die UdSSR in absoluten Zahlen an die zweite Stelle in der Industrieproduktion hinter die USA gerückt. Im Krieg kämpfte sie Hitlerdeutschland nieder, die damals aggressivste imperialistische Macht, und konnte trotzdem noch die eigene Industrieproduktion im Laufe des Krieges ausdehnen. Im Ersten Weltkrieg war die Industrieproduktion des Zarenreiches dagegen insgesamt rückläufig gewesen. Nach dem Sieg über das faschistische Deutschland war die Sowjetunion zur Weltmacht aufgestiegen.

Das Geheimnis dieses Erfolgs bestand in einem historisch nie da gewesen Akkumulationsprozess von Produktionsanlagen, von Fabrikanlagen und Maschinerie. Die sowjetischen Arbeiter schienen nur zu arbeiten, um Stahl, Kohle und Maschinerie zu produzieren. Sie arbeiteten nicht, um ihre eigenen Konsumbedürfnisse oder die Konsumbedürfnisse ihrer Partei- und Staatsherren zu befriedigen, sondern vor allem, um die Konsumbedürfnisse der Produktionsgüterindustrie zu befriedigen.

Den Kapitalisten ist es ziemlich egal, in welche Warengestalt ihr Geldkapital schlüpft, um sich zu vermehren. Die konkrete Warengestalt und die konkrete Dienstleistung, also der Gebrauchswert, ist ihnen gleichgültig, Hauptsache, es lässt sich damit Geld machen. Sie interessiert nur der Warenwert und wie viel Gewinn man damit realisieren kann.

Ganz anders als die Kapitalisten waren die sowjetischen Planbürokraten an einer bestimmten Gestalt ihrer Produkte interessiert. Beeindruckt hat die Sowjetunion die ganze Welt nicht mit ihrer Anhäufung von irgendwelchen Waren oder Produkten, sondern mit ihrer Anhäufung einer speziellen Produktsorte: Produktionsmittel. Sowjetische Akkumulation war nicht wie im Kapitalismus irgendwelche Warenakkumulation, gleichgültig von welchen Waren, sondern Akkumulation von einer ganz bestimmten Sorte, *Anhäufung von Produktionsmitteln.*

Karl Marx hatte seinen ersten Band des Kapitals mit der Feststellung begonnen: *„Der Reichtum der Gesellschaften, in welchen kapitalistische Produktionsweise herrscht, erscheint als eine 'ungeheure Warensammlung', die einzelne Ware als seine Elementarform.“* [12] Die Kritik der politischen Ökonomie der Sowjetwirtschaft könnte mit dem Satz beginnen: *Der Reichtum der Gesellschaften, in welchen die sowjetische Produktionsweise herrscht, erscheint als eine ungeheure Maschinen- und Materialansammlung, die Planziffer als ihre Elementarform.*

Im Jahr 1980 produzierte die UdSSR 20 % mehr Stahl als die USA, 43 % mehr Öl und 230 % mehr Werkzeugmaschinen, außerdem mehr Traktoren, mehr Kohle, mehr Zement und andere Rohstoffe als die erste Wirtschaftsmacht der Erde. [13]

Mit ihrem Reichtum an Produktionsmitteln wurde die Sowjetunion gleichzeitig und zwangsläufig zum Land des individuellen Mangels. Die sowjetischen Fabriken produzierten nicht für die Bedürfnisse der Werktätigen, sondern diese lebten und arbeiteten vielmehr, um die sowjetischen Produktionsanlagen zu vergrößern und zu vermehren.

Die Kapitalisten vermehren die Produktionsanlagen, um ihr Kapital zu vermehren. Die Sowjetplaner vermehrten die Produktionsmittel wofür? – um wieder neue Produktionsmittel zu schaffen? Das ergibt keinen Sinn. Tatsächlich waren die sowjetischen Produktionsanlagen die Machtbasis der Sowjetbürokratie. Sie waren ihre Machtbasis, weil die Planung, Verwaltung und Leitung dieser Produktionsanlagen so organisiert war, dass die Sowjetbürokratie alle Fäden in der Hand hatte und ohne sie wirtschaftliches Chaos drohte, wie es dann unter Gorbatschow auch eintrat, als sich die Leitungsfäden immer mehr verwirrten.

Die sowjetischen Produktionsanlagen waren auch die Machtbasis für den Weltmachtanspruch der Sowjetbürokratie, weil durch diese Produktionsanlagen der riesige militärische Gewaltapparat geschaffen und aufrechterhalten wurde, mit dem die Sowjetunion ihr Herrschaftsgebiet seit 1939 ständig erweitert hatte, und mit dem die Idee von der „Weltrevolution“ als Weltherrschaftstraum der sowjetischen Führungselite entstehen und aufrecht erhalten werden konnte.

5.3. Produktionsmittel und Konsumtionsmittel

„Das Gesamtprodukt, also auch die Gesamtproduktion der Gesellschaft zerfällt in zwei große Abteilungen:

I. Produktionsmittel, Waren, welche eine Form besitzen, worin sie in die produktive Konsumtion eingehen müssen oder wenigstens eingehen können (wie Metall, Kunststoff, Elektrizität, Maschinen und Anlagen, W.B.).

II. Konsumtionsmittel, Waren, welche eine Form besitzen, worin sie in die individuelle Konsumtion der Kapitalisten- und Arbeiterklasse eingehen (wie Lebensmittel, Wohnungen, PKWs, Tourismus, etc. W.B.). *In jeder dieser Abteilungen bilden sämtliche verschiedne ihr angehörige Produktionszweige einen einzigen großen Produktionszweig, die einen den der Produktionsmittel, die andern den der Konsumtionsmittel."* [14] In der Fachdiskussion werden häufig auch die Begriffe „Schwerindustrie" statt Produktionsmittelindustrie und „Leichtindustrie" statt Konsumtionsmittelindustrie verwendet.

„Obgleich der gesellschaftliche Arbeitstag (d.h. die während des ganzen Jahrs von der gesamten Arbeiterklasse verausgabte Arbeit), wie jeder individuelle Arbeitstag, nur in zwei Teile zerfällt, nämlich in notwendige Arbeit plus Mehrarbeit, ... so wird dennoch, gesellschaftlich betrachtet, ein Teil des gesellschaftlichen Arbeitstages ausschließlich verausgabt in Produktion von frischem konstantem Kapital, nämlich von Produkten, die ausschließlich bestimmt sind, im Arbeitsprozess als Produktionsmittel ... zu fungieren." [15] Die restliche Arbeitszeit wird auf die Produktion von gesellschaftlichen und individuellen Konsumtionsmitteln verwendet.

Die Aufteilung des Arbeitstages in notwendige Arbeit und Mehrarbeit betrachtet ihn hinsichtlich seiner Wertproduktion, die Aufteilung in Herstellung von Produktions- oder Konsumtionsmittel betrachtet ihn hinsichtlich seiner Gebrauchswertproduktion.

In den USA betragen die Konsumtionsmittel rund 70% des Gesamtprodukts[16]. Natürlich verbrauchen davon die Reichen den größten Anteil: Fast die Hälfte aller Verbrauchsausgaben entfallen auf Familien mit einem Jahreseinkommen von mehr als 50.000 US-Dollar im Jahr[17]. In Deutschland machen die Konsumtionsmittel für Lohnarbeiter, kleine Selbständige und Kapitalisten rund 60% des Gesamtprodukts aus.

Ende der 80er Jahre teilte sich die sowjetische Industrie ungefähr wie 75 : 25 in Produktionsmittel- und Konsumtionsmittelindustrie. In Arbeitszeit ausgedrückt hieß das, dass die sowjetischen Werktätigen in ihrer Gesamtheit während drei Viertel ihrer Arbeitszeit nur Roh- und Werkstoffe und neue Maschinen hergestellt haben und nur während einem Viertel ihrer Arbeitszeit Konsumtionsmittel für sich und alle anderen Gesellschaftsmitglieder.

Wie viel Konsumtionsmittel sie für sich und alle anderen in diesem Viertel ihrer Arbeitszeit herstellen konnten, war dann allein durch die Produktivität ihrer Arbeit bedingt. Diese lag aber nur bei 50% der Produktivität in entwickelten kapitalistischen Ländern.

Falls man die Unterschiede der Produktivität mit einrechnet, dann arbeiten die Lohnarbeiter im entwickelten Kapitalismus rund 60% bis 70% ihrer Arbeitszeit für den gesellschaftlichen Konsum der Kapitalisten, kleinen Selbständigen und der Lohnarbeiter. Die sowjetischen Werktätigen produzierten *nur ein Fünftel der westlichen Konsumtionsmittel*, aber mehr als *doppelt so viel Produktionsmittel* wie westliche Lohnarbeiter. Das blieb nicht ohne schwerwiegende Folgen für den sowjetischen Lebensstandard.

1932 hatten die Einwohner sowjetischer Städte einen durchschnittlichen Wohnraum von nur 5,7 Quadratmeter pro Person – weniger Platz als in einer heutigen Gefängniszelle. Der sowjetische Plan versprach zunächst ein Wohnbauprogramm in den Städten mit rund 200 Millionen zusätzlichen Quadratmetern. Das hätte den Wohnraum pro Kopf um einen halben Quadratmeter gehoben. Aber selbst dieses Versprechen wurde nicht gehalten, und das Wohnbauprogramm wurde beschnitten, um dann verstärkt Fabrikanlagen zu bauen.[18]

Nach offiziellen Angaben wohnten 1936 nur 6 Prozent aller Bewohner Moskaus in einer Wohnung mit mehr als einem Raum. 40 Prozent bewohnten einen einzigen Raum, 24 Prozent mussten sich einen Wohnraum mit anderen teilen, 5 Prozent hausten ohne eigenen Wohnraum in Küchen und Fluren. 25 Prozent hatten nur ein Bett in Wohnheimen.[19]

Die Produktivität der Arbeit ist historisch vorgegeben und kann nur allmählich gehoben werden, die Teilung der gesellschaftlichen Arbeitszeit in Produktion von Produktionsmitteln und in Produktion von Konsumtionsmitteln ist aber mehr oder minder variabel und kann und muss daher von der Gesellschaft kontrolliert werden: *„Zweitens bleibt, nach Aufhebung der kapitalistischen Produktionsweise, aber mit Beibehaltung gesellschaftlicher Produktion, die Wertbestimmung vorherrschend in dem Sinn, dass die Regelung der Arbeitszeit und die Verteilung der gesellschaftlichen Arbeit unter die verschiedenen Produktionsgruppen, endlich die Buchführung darüber, wesentlicher denn je wird.“* [20]

Die sowjettypische Aufteilung des gesellschaftlichen Arbeitstages mit ihrem wachsenden Übergewicht der Produktionsmittelproduktion war von den sowjetischen Planbürokraten gewollt und ging zurück auf Entscheidungen von Stalin und der Parteimehrheit in den Jahren 1927 bis 1929. Die damals festgelegte „maximale Entwicklung der Produktion von Produktionsmitteln“ musste eine minimale Entwicklung der Produktion der Konsumtionsmitteln und der Konsumtion zur Folge haben.

Tabelle 2: Wachstumsraten der Industrie[21] 1940 = 100

Produktionsmittel		**Konsumtionsmittel**	
Jahr	**Steigerung**	**Jahr**	**Steigerung**
1940	100	1940	100
1950	200	1950	120
1960	670	1960	330
1970	1.590	1970	650
1980	2.509	1980	1.072

Von 1940 bis 1980 wurde insgesamt wie in jedem einzelnen Zeitabschnitt die Produktionsmittelindustrie schneller ausgebaut als die Industrieproduktion insgesamt, was notwendig zur Folge hatte, dass der gesellschaftliche Konsum relativ zu den produktiven Möglichkeiten der sowjetischen Gesellschaft ständig gesenkt wurde. Die Produktion von Produktionsmitteln stieg um knapp 3000 Prozent, die Produktion von Konsumgütern nur um gut 1000 Prozent. Der eingesparte individuelle und gesellschaftliche Konsum von rund 1000 Prozent wurde in die überproportionale Ausweitung der Produktionsmittelindustrie gesteckt.

Von Plan zu Plan wiederholte sich auch immer wieder, dass bei jedem Engpass der Konsumtionsmittelsektor leiden musste. Dort wurden die Planzahlen so gut wie nie erreicht. Die relative Gewichtsverlagerung der beiden Produktionsabteilungen und das immer stärkere Zurückbleiben des individuellen Konsums zugunsten des produktiven kann aus der folgende Übersicht ersehen werden.

Tabelle 3: Größenverhältnis von Produktions- u. Konsumtionsmittelindustrie[22] gesamte Industrie = 100

Jahr	**Relation Produktionsmittel: Konsumtionsmittel**
1926	44:56
1940	61:39
1950	69:31
1960	72: 28
1970	73: 27
1980	75: 25

Das Wachsen der Produktionsmittelindustrie auf Kosten des Konsums war gewollt. Stalin erklärte vor dem Zentralkomitee seiner Partei am 7. Januar 1933: *„Man sagt uns, all das sei recht schön, es seien viele neue Betriebe gebaut und die Grundlagen der Industrialisierung geschaffen worden. Es wäre jedoch weitaus besser gewesen, auf die Politik der Industrialisierung, auf die Politik der Erweiterung der Erzeugung von Produktionsmitteln zu verzichten oder wenigstens diese Aufgabe in den Hintergrund zu rücken, um mehr Kattun, Schuhe, Kleider und andere Massenbedarfsartikel herzustellen.*

Es sind tatsächlich weniger Massenbedarfsartikel erzeugt worden als benötigt werden, und das schafft gewisse Schwierigkeiten. Aber man muss wissen und sich Rechenschaft darüber ablegen, wohin uns eine Politik, die die Industrialisierungsaufgaben in den Hintergrund rückt, geführt hätte. Wir ... stünden der mit moderner Technik ausgerüsteten kapitalistischen Umwelt wehrlos gegenüber ...“ [23]

Die Sowjetwirtschaft war keine Mangelwirtschaft, wie von Kritikern wie Verteidigern des Sowjetsystems behauptet wurde. Der Mangel an Konsumgütern war von den Sowjetführern beabsichtigt, um zusätzliche Kapazitäten für einen Überfluss an Produktionsmitteln zu schaffen. Das Sowjetsystem schuf trotz rückständiger Entwicklung einen Überfluss an Produktionsmitteln, der durch den Mangel an Konsumtionsmitteln erkauft worden ist.

In der von Stalin autorisierten „Geschichte der KPdSU“[24] heißt es, die Entwicklung der Industrie und Schwerindustrie würde *„im Interesse der gesamten werktätigen Bevölkerung verlaufen“*. Wer definierte dieses Interesse? Die Partei hatte das Monopol darüber, was als Interesse der gesamten werktätigen Bevölkerung definiert wurde.

Die Sowjetführer nach Stalin schlugen auch nach dem erreichten Aufbau einer beindruckenden industriellen Basis nicht die Richtung zur Entwicklung der Leichtindustrie und des gesellschaftlichen und privaten Konsums ein. Die beiden Abteilungen der Produktion – Produktionsmittel und Konsumtionsmittel – wurden nicht miteinander verbunden, die Produktionsmittelindustrie wurde in der UdSSR nicht als *Mittel* der Konsumtionsmittelproduktion benutzt.

Wenn die geschaffenen Produktionsmittel nicht nutzlos verrotten und verkommen, gehen auch sie in irgendeinen Konsum ein. Schließlich sind Produktionsmittel nur Werkzeuge, um letztlich Konsumtionsmittel herzustellen. Die kapitalistischen Produktionsmittel gehen entweder in den Konsum der Lohnarbeiter oder in den Konsum der unproduktiven Klassen ein: *„Ein Teil der Kapitalisten produziert Waren, die direkt in die Konsumtion des Arbeiters eingehen; ein anderer Teil produziert Waren, die entweder nur indirekt in diese Konsumtion eingehen, sofern sie nämlich in das zur Produktion für notwendige Lebensmittel nötige Kapital als Rohmaterial und Maschinerie etc. eingehen, oder Waren, die gar nicht in den Konsum des Arbeiters eingehen, indem sie nur eingehen in den Lebensunterhalt der*

Nichtarbeiter." K. Marx, Theorien über den Mehrwert III., MEW 26.3, 35.

Nur zum geringsten Teil gingen die sowjetischen Produktionsmittel in den Konsum der Werktätigen ein. Ihr größter Teil ging ein in den materiellen und immateriellen Konsum der Parteibürokratie. Der materielle Konsum der Nomenklatura war um einiges luxuriöser als der Konsum der Werktätigen, wenn auch dürftig im Vergleich zum Luxus der kapitalistischen Reichen. Der *immaterielle Konsum der Sowjetbürokratie in Form von militärischer und politischer Machtentfaltung übertraf* jede westliche Machtentfaltung. Die Existenz der Sowjetunion wurde von den Westmächten erst akzeptiert, als sie die Sowjetunion zur Niederringung des deutschen Imperialismus bitter nötig hatten. Ich denke, wenn die Sowjetunion 1945 auf jeden Gebietszuwachs verzichtet hätte, hätte sie den „Kalten Krieg" zwischen Ost und West weitgehend vermeiden können. Stalin jedoch entwickelte als außenpolitische Konsequenz dieses sowjetischen Sieges über Hitlerdeutschland die Theorie, dass die Interessen der Sowjetunion nunmehr mit den Interessen der Weltrevolution völlig verschmolzen waren. Die kapitalistischen Staaten konnten und wollten das als permanente Kriegserklärung verstehen. Nicht nur Machterhalt wie unter Lenin, sondern Machterweiterung war jetzt das Glück der Sowjetherrscher.[25] Die Volksrepublik China verfolgte nach ihrer Gründung einen anderen außenpolitischen Kurs und konnte das eigene Land in den folgenden Jahren ohne exorbitante Rüstungskosten entwickeln.

Stolz erklärte der sowjetische Außenminister Molotow im Februar 1946: *„Man kann heute keine ernsthaften Fragen der internationalen Beziehungen lösen, ohne die Sowjetunion zur Teilnahme heranzuziehen oder ohne auf die Stimme unserer Heimat zu hören.*" [26]

Das machte wohl nicht nur Stalin fröhlich. Dieser erklärte 1952 auf dem 19. Parteitag: *„Nun sind von China und Korea bis zur Tschechoslowakei und Ungarn neue ‚Stoßbrigaden' in Form der Volksdemokratien aufgetreten. Der Kampf ist für unsere Partei leichter geworden, und die Arbeit fröhlicher.*"[27]

Nach dem Tod Stalins waren die Sowjetführer keinesfalls mit Furcht vor dem „äußeren Klassenfeind" befallen. Auf dem 20. Parteitag von 1956 hatte Molotow, damals wieder Außenminister, erklärt: *„vor nicht ganz zehn Jahren hätten die Parteiführer nur in ihren kühnsten Träumen eine für die Sowjetunion so günstige Lage erhoffen können, wie sie gegenwärtig besteht.*" [28]

Die enorme Anhäufung von Produktionsmitteln wurde zur materiellen Basis des sowjetischen Weltmachtstrebens. Kurz nach der Russischen Revolution hatte Lenin erklärt: *„Unsere Aufgabe ist die Sache der internationalen, universalen Weltrevolution, die Aufgabe, eine universale Sowjetrepublik zu schaffen ...*" [29] Wie Lenin das gemeint haben mag, darüber braucht man heute nicht mehr zu spekulieren. Wir wissen aus historischer Erfahrung, wie die Aufgabenstellung Lenins von Stalin und seiner Partei aufgefasst worden ist.

Dass die sowjetische Art von Revolutionsexport mittels Panzer und Raketen, nichts mit der Emanzipation der Menschheit zu tun hatte, muss nicht weiter ausgeführt werden.[30]

Führen wir uns noch einmal die doppelte Aufteilung des gesellschaftlichen Arbeitstages vor Augen: Nach der Wertproduktion betrachtet teilt er sich in notwendige Arbeit und Mehrarbeit. Nach der Gebrauchswertproduktion betrachtet, teilt sich der Arbeitstag einer Gesellschaft in Herstellung von Produktionsmitteln und Konsumtionsmitteln.

Die Kapitalisten sind an der wertmäßigen Teilung des Arbeitstages interessiert und wollen vor allem die Produktion von absolutem und relativen Mehrwert ausweiten. Die kapitalistische Kreislauf von einer Produktion zur nächsten (P... P') lautet:

$$P\,(c+v+m)\;...\;P\,(c+v+m')$$

(c = konstantes Kapital, v = variables Kapital und m = Mehrwert. Der Beistrich bei m' gibt an, dass bei diesem Faktor akkumuliert wird.)

Die sowjetischen Direktivplaner waren vor allem an der Gebrauchsseite des Arbeitstages interessiert und wollten dort den Anteil der Produktionsmittelindustrie ausweiten. Die sowjetische Formel für *P ... P'* muss daher lauten:

$$P\,(I+II)\;...\;P\,(I'+II).$$

(Wobei I = Sektor I oder Produktionsmittelindustrie und II = Sektor II oder Konsumtionsmittelindustrie ist. Akkumuliert wurde in der Sowjetwirtschaft vor allem bei I, nicht bei m.

[1] Karl Marx, Kapital I. MEW 23, S. 591.
[2] Karl Marx, Das Kapital II. MEW 24, S.70.
[3] Karl Marx, Das Kapital II. MEW 24, S. 64.
[4] ABC des Kommunismus, zweiter Teil, Organisation der Banken.
[5] ABC des Kommunismus, zweiter Teil, Arbeiterschutz.
[6] Karl Marx, Grundrisse der Kritik der politischen Ökonomie, S. 387.
[7] Karl Marx, Das Kapital II. MEW 24, S. 82f.
[8] J. Stalin, Rede auf der ersten Unionskonferenz der Funktionäre der sozialistischen Industrie. 4. Februar 1931.
[9] Carr, E.H. and Davies, R.W.: A History of Soviet Russia. Vol. 9 + 10: Foundations of a Planned Economy (1926-1929) London 1. Ed. 1969, S. 720
[10] Goldmann, Marshall I.: USSR in Crisis. The Failure of an Economic System. London 1983, S. 21.
[11] Altrichter, Helmut: Kleine Geschichte der Sowjetunion 1917-1991. München 1993, S. 81.
[12] Karl Marx, Kapital I. MEW 23, S. 49.
[13] Goldmann, Marshall I.: USSR in Crisis. The Failure of an Economic System. London 1983, S.33.
[14] Karl Marx, Das Kapital II. MEW 24, S. 394.

[15] Karl Marx, Das Kapital II. MEW 24, S. 424.
[16] The Economist, 17.10. 1998.
[17] The Economist, 17. 10. 1998.
[18] Nove, Alec: An Economic History of the U.S.S.R., Harmondsworth 1972, S. 198.
[19] Nove, Alec: An Economic History of the U.S.S.R., Harmondsworth 1972, 250f.
[20] Karl Marx, Das Kapital III. MEW 25, S. 859.
[21] nach: „Länder der Erde" 7. Aufl. 1981. Wirtschaftsverlag DDR, S. 560. Für das Jahr 1980: Euromonitors, S. 65.
[22] nach: „Länder der Erde" 7. Aufl. 1981. Wirtschaftsverlag. DDR, Zahlen für 1980 nach Euromonitors Publications, S. 65.
[23] J. W. Stalin, Werke, Bd. 13, S. 163ff. Zit. nach: David J. Dallin: Sowjetische Außenpolitik nach Stalins Tod. Köln 1961, S. 60.
[24] Geschichte der KPdSU. Kurzer Lehrgang, S. 328
[25] Diese zunächst defensive außenpolitische Doktrin wurde zuerst von Lenin formuliert: „Ist es möglich, dass eine sozialistische Republik, umgeben von kapitalistischen Mächten, existieren kann? Das schien sowohl politisch als auch militärisch undenkbar. Jetzt ist es bewiesen und Tatsache, dass es sowohl im politischen als auch im militärischen Sinne möglich ist." W. I. Lenin, am 23.12.1921, Werke Bd. 33, Moskau 1950, S. 126. Stalin hatte diese defensive Doktrin zur expansiven Machterweiterung einer kriegsentscheidenden Siegermacht Sowjetunion umformuliert: „Sollte ... der Krieg beginnen, so werden wir nicht untätig zusehen können – wir werden auftreten müssen, aber wir werden als letzte auftreten. Und wir werden auftreten, um das entscheidende Gewicht in die Waagschale zu werfen, ein Gewicht, das ausschlaggebend sein dürfte." J.W. Stalin am 19.1.1925, Werke Bd. 7, S. 11.
[26] W.M. Molotow: Fragen der Außenpolitik – Reden und Erklärungen April 1945 – Juni 1948. zit. n. zit.n. David J. Dallin: Sowjetische Außenpolitik nach Stalins Tod. Köln 1961, 28.
[27] J.W. Stalin, Rede auf dem 19. Parteitag der KPdSU, 14. Oktober 1952. zit.n. David J. Dallin: Sowjetische Außenpolitik nach Stalins Tod. Köln 1961, 29.
[28] zitiert nach Deutscher, Isaac: Zwischen den Blöcken. S. 78.
[29] W. I. Lenin, Werke, 4. Ausg. Bd. 31, S. 209; zit. nach: David J. Dallin: Sowjetische Außenpolitik nach Stalins Tod. Köln 1961, S. 44.
[30] Schon Friedrich Engels hatte klargestellt: „Nur das eine ist sicher: das siegreiche Proletariat kann keinem fremden Volk irgendwelche Beglückung aufzwingen, ohne damit seinen eignen Sieg zu untergraben." F. Engels, 1882, MEW 35, S. 358.

6. Sowjetische Landwirtschaft

6.1. Getreideraub

Bisher hatten wir die Landwirtschaft ignoriert, wie sie von den Sowjetplanern zunächst ignoriert wurde. Um die Bauern hatten sich die Bolschewiki immer erst dann „gekümmert“, wenn durch Missernten und Misstrauen der Bauern die Versorgung der Städte und Industriezonen mit Lebensmitteln gefährdet war.

Im Verlauf der Russischen Revolution hatten Bauern, die kein Land besaßen, sich Land genommen. Pachtverträge wurden verbrannt. Bei den Bolschewiki setzte sich Lenin mit der realistischen Auffassung durch, dass die Bolschewiki nur dann an der Macht blieben, wenn sie diese Landumverteilung zugunsten der Kleinbauern legalisierten. Durch die Landverteilung stieg die Zahl der Bauernfamilien in Russland von rund 18 Millionen auf 25 Millionen (1927). Die ungleiche Landverteilung wurde weitgehend nivelliert, die Durchschnittsgröße des Landes, das eine Familie bebaute, fiel. [1] Die Bauernschaft war zunächst der Hauptnutznießer der Russischen Revolution.

Diese selbstwirtschaftenden russischen Bauern verfügten über die wesentlichen Produktionsmittel Land, Tier, Werkzeug und Saatgut ohne Einkauf, ohne Zirkulation. Selbst die Pflüge bestanden in den Anfangsjahren der Sowjetunion häufig nur aus Holz, so dass der Bauer sie selbst ohne den industriellen Rohstoff Stahl fertigte. Der Bauer konnte anfangen zu wirtschaften ohne Eingreifen von oben, ohne Direktive.

Die Erholung der sowjetischen Landwirtschaft in den zwanziger Jahren erfolgte in dieser spontanen Weise. Die Bauern wirtschafteten in Subsistenzwirtschaft nach der Formel:

$$W(landw.) \ldots P \ldots W(landw.)$$

Geld spielte für sie kaum eine Rolle, es gab für die Bauern wenig zu kaufen. Getreide war besser als Geld, es war auf dem Land noch *„der Wert aller Werte“* [2].

Für die Industrialisierung des Landes wurde aber Getreide für die wachsende Arbeiterbevölkerung gebraucht. Sollte die Industrialisierung nicht scheitern, dann hatte die Bauern einen Lebensmittelüberschuss zu produzieren, über ihren Eigenbedarf hinaus.

Von Anfang an betrachtete die sowjetische Regierung alle landwirtschaftlichen Überschüsse als staatliches Eigentum, den Bauern sollte nur ihr Lebensunterhalt, gleichsam ein Arbeiterlohn bleiben. In der Zeitschrift „Kommunist“ hieß es 1920: *„Wie die Arbeiter ihre ganze Arbeitskraft dem Staat schulden, so schuldet der Bauer seine Überschüsse dem Staat.“* [3] Dem Arbeiter konnte der Sowjetstaat sein

Arbeitsprodukt ganz ohne Gewaltanwendung wegnehmen, aber dem Bauern?

Auf der „Allrussischen Versorgungskonferenz" von 1920[4] wurde beschlossen, alle bäuerlichen Überschüsse einzuziehen. Allerdings gab es zunächst *keine wirtschaftlichen, sondern nur außerwirtschaftliche Mittel*, um diese Absicht durchzusetzen. Schon 1918 zogen die Bolschewiki in bewaffneten Formationen auf die Dörfer und nahmen den Bauern alles Getreide weg, was ihnen als „Überschuss" erschien. Durch diesen sogenannten „Kriegskommunismus" wurde den Bauern ihr überschüssiges Getreide und oft noch mehr mit militärischer Gewalt geraubt.

In der Geschichte der KPdSU wird das allein aus der Kriegssituation begründet: *„Der Sowjetstaat war genötigt, von dem Bauern auf Grund der Ablieferungspflicht alle Überschüsse für die Bedürfnisse der Landesverteidigung einzuziehen."* [5]

Dass aber eine revolutionäre Armee auch in Kriegszeiten ohne eine solche Vergewaltigung der Bauernwirtschaften auskommen kann, bewiesen die chinesische KP und die chinesische Rote Armee. Außerdem wurde in der jungen Sowjetunion deutlich weniger Getreide für die Landesverteidigung requiriert als für die Versorgung aller Werktätigen in den Städten. In den Städten waren viele Mäuler mehr zu stopfen als in der Armee.

Trotz dieses Raubs ihrer Arbeitsfrüchte war die Stimmung der Bauern zunächst nicht gegen die Bolschewiki gerichtet: *„An vielen Orten war immer die Furcht vor der Gegenrevolution..., die dem kleinen Mann das Land wieder abnehmen würde, stärker als der Widerwille gegen Kommissare, Requisitionen und Exekutionen."* [6] Die Bauern äußerten spontane Antistaatlichkeit, nicht „Antikommunismus". Sie wollten weder Steuern zahlen, noch Abgaben abliefern, noch Rekruten stellen, sie wollten einfach für sich selber arbeiten und selber ihre Arbeitsfrüchte genießen. [7]

Sobald den Bauern ihre Arbeitsfrüchte weggenommen wurden, schränkten sie die folgende Ernte ein und schlachteten ihr Vieh. Sie wollten für sich und nicht für den Staat arbeiten. Die notwendige Folge des Getreideraubs war ein noch geringeres Getreideangebot im folgenden Jahr.

1921 war daher ein Jahr schrecklichen Hungers, in dem Unzählige verhungerten. Die Sowjetregierung musste Lebensmittelhilfe aus den USA akzeptieren und kaufte trotz äußerst knapper Devisen Getreide auf dem Weltmarkt.

Durch Raub des bäuerlichen Mehrprodukts hätte sich auf Dauer keine Regierung halten können. Schon 1920 brachen überall im Sowjetgebiet bewaffnete Bauernunruhen aus, die auf die Städte übergriffen und im Februar 1921 im Kronstädter Arbeiteraufstand gipfelten. Die Sowjetregierung war in einer schweren Krise und in der Partei entbrannten Fraktions- und Machtkämpfe.

In dieser wirtschaftlich wie politisch krisenhaften Lage entwarf Lenin die *Neue Ökonomische Politik*, die einen durch private Händler organisierten Austausch zwischen Stadt und Land förderte, den Bauern Industrieerzeugnisse anbot und sie im Kauf gegen Getreide austauschte.

In der „Geschichte der KPdSU“ wurde die wirtschaftliche Zwangslage, in die sich die Sowjetregierung gebracht hatte, vornehm vertuscht und dieser Richtungswechsel als freie und einsichtsvolle Entscheidung hingestellt: *„Dem Zentralkomitee der Partei, seiner Leninschen Mehrheit war es klar, dass es nach Beendigung des Krieges und nach dem Übergang zu friedlichem wirtschaftlichen Aufbau keinen Grund mehr gab, das durch die Verhältnisse des Krieges und der Blockade bedingte harte Regime des Kriegskommunismus beizubehalten.“* [8]

Mit der Neuen Ökonomischen Politik führte Lenin die Marktwirtschaft in der Sowjetunion wieder ein, aber es war eine „soziale Marktwirtschaft“ mit besseren Schutzvorschriften für die sowjetischen Werktätigen als die Lohnarbeiter in irgendeinem kapitalistischen Land bis heute erreicht haben. Alle diese Arbeiterschutzgesetze wurden jedoch von späteren Sowjetregierungen wieder rückgängig gemacht.

Durch die Neue Ökonomische Politik nahm die bäuerliche Produktion in der Sowjetunion erstmals in größerem Umfang die Form der Warenproduktion an. Die Bauern verkauften einen Teil ihrer Ernte W(landw) gegen Geld G und kauften von dem Geld Industrieprodukte W(industr). Das ergibt für diese Warenproduktion die Formel:

W(landw) – G – W(industr) ...Produktion.... W(landw)

Dabei gingen die für Geld gekauften W(industr) sowohl in den produktiven wie individuellen Konsum der Bauern ein, z.B. als Pflüge oder als Seife und Zündhölzer. So erst konnte die bäuerliche Arbeit für die Industrialisierung als freiwilliger Lieferant von Lebensmitteln und Rohstoffen wie als Abnehmer von Industriegütern nutzbar gemacht werden.

Die Landwirtschaft und die sowjetische Wirtschaft insgesamt erholten sich und erreichten in den folgenden fünf Jahren die guten Wirtschaftszahlen von 1914. Also war doch eine Harmonie zwischen Industrialisierung und bäuerlicher Kleinproduktion möglich?

Dieses scheinbar harmonische Zusammenwirken von Landwirtschaft und Industrie musste gestört werden, sobald die Bauern für ihr Getreide nicht genug Industriegüter bekamen – entweder weil die Preisrelationen für die Bauern zu ungünstig waren oder weil zuwenig Industriegüter produziert wurden, die die Bauern nachfragten.

6.2. Die „ursprüngliche sozialistische Akkumulation"

Scheinbar gab es seit Lenins Neuer Ökonomischer Politik, die wieder Marktbeziehungen zwischen den Bauern und den Städtern zuließ, keine unlösbaren Widersprüche zwischen der Industrialisierung in den Städten und der kleinbäuerlichen Landwirtschaft in den Dörfern. In den Jahren 1922 bis 1926 erholte sich die Wirtschaft und erreichte erstmals das vorrevolutionäre Niveau. Dabei entwickelte sich die Landwirtschaft spontan durch die unabhängige Wirtschaftstätigkeit der vielen selbständigen Bauern. In der Industrie war allerdings insofern ein großer Wandel eingetreten, als die Sowjetregierung inzwischen alle großen Unternehmen verstaatlicht und unter ihre zentrale Kontrolle gebracht hatte.

Das Selbstbewusstsein und die Macht der Partei war gestiegen, die bedrohliche Ernährungskrise von 1921 war schon vergessen. Mit dieser Siegesstimmung wollte die Partei eine beschleunigtes Wirtschaftswachstum durchsetzen, für das vor allem der linke Parteiflügel und Trotzki eintraten.

Ungeachtet der Tatsache, dass beide später von den Schergen Stalins politisch und persönlich verfolgt und umgebracht wurden, so entsprach ihre Theorie völlig dem bolschewistischen Wirtschaftsprogramm. Ja man muss sagen, dass Preobraschenskij dieses Programm als erster klar durchdacht und verstanden hatte. Er schrieb z.B. *„Der Kampf für die Reproduktion sozialistischer Verhältnisse bedeutet aber Kampf für die Vermehrung der Produktionsmittel in Händen des proletarischen Staates, er bedeutet die Konzentration einer ständig wachsenden Anzahl von Arbeitern um diese Produktionsmittel, er bedeutet wachsende Arbeitsproduktivität im gesamten System."* [9] Das ist eine zutreffende Beschreibung des Sowjetsystems. Die Produktionsmittel in den Händen des Sowjetstaates sollten vermehrt werden. Diese Vermehrung oder Akkumulation hätte mit rein ökonomischen Mitteln aus dem Mehrprodukt dieses Sektors geschaffen werden können. Das war jedoch Trotzki und Preobrashenskij nicht genug: *„Unter sozialistischer Akkumulation verstehen wir ein Mehrprodukt, das zu den im Betrieb befindlichen Produktionsmitteln hinzugefügt wird, und das innerhalb der errichteten sozialistischen Wirtschaft geschaffen wurde und nicht als zusätzliche Zuteilung an die Mitglieder der sozialistischen Produktion und des sozialistischen Staates verwendet wird, sondern der erweiterten Reproduktion dient.*

Ursprüngliche sozialistische Akkumulation andererseits ist die Akkumulation materieller Hilfsquellen in den Händen des Staates, aus Quellen, die teilweise oder hauptsächlich außerhalb der Staatswirtschaft liegen. Diese Akkumulation muss in einem rückständigen bäuerlichen Land eine außerordentlich große Rolle spielen ..." [10] Ursprüngliche sozialistische Akkumulation hieß nichts anderes als direkte oder indirekte Enteignung von selbständigen Kleinproduzenten. Nur darum handelte es sich, und die Wortanalogie zur ursprünglichen Akkumulation des Kapitalismus war völlig angebracht.[11]

Trotzki und Preobraschenskij vertraten die These, dass die Industrialisierung nicht allmählich durch allein „innere Akkumulation“ verlaufen solle, sondern beschleunigt werden solle durch „externe Akkumulation“, durch indirekte Wertübertragung aus der Arbeit der Bauern und durch ihre direkte Enteignung.

Da in der Sowjetunion die bäuerliche Bevölkerung die große Mehrheit stellte, war diese These höchst unpopulär. Stalin und die Parteimehrheit kritisierten öffentlich diese These, aber faktisch handelten sie ganz im Sinne dieser Theorie. Die Sowjetregierung senkte die Getreidepreise, damit sie mehr Getreide für weniger Industriewaren bekam, bzw. für die gleiche Getreidemenge weniger industrielle Konsumprodukte an die Dörfer liefern musste. Das war eine Maßnahme zur „externen“ Akkumulation des staatlichen Industrie.

Die staatlich festgesetzten Getreidepreise wurden 1926/27 um bis zu 25 % gesenkt. Doch weil die Bauern im Besitz ihrer Produktionsmittel waren, ließen sie sich nicht die Preise für ihr Getreide diktieren. Sie verkauften nicht oder nur zum wirklichen Wert. Sie hatten die Macht, Getreide zu verkaufen oder zu horten. Die Bauern beeinflussten damit das Tempo der Akkumulation in der Industrie, weil sie im Produktenaustausch Industriegüter – Agrargüter nur zu gleichen Werten oder zu für sie günstigeren Werten tauschen wollten, und daher keine Extragewinne der Industrie zuließen. Alle selbständigen Bauern, nicht allein ihre wohlhabendere Schicht, die Kulaken, entwickelten sich zur Gegenkraft gegen die schnelle Industrialisierung in der Sowjetunion.

6.3. Bauer oder Kulak?

Über den angeblichen und tatsächlichen Widerstand der Kulaken gegen die beschleunigte Industrialisierung ist viel geschrieben worden. *Was war ein russischer Kulak?*

In einigen Gebieten des Schwarzerdegebietes wurden im Juni 1919 die Bauern nach folgenden Kategorien eingeteilt: *Kulaken: „2 mit Blech gedeckte Häuser, 5-6 Pferde, 5-6 Kühe, 20-25 Schafe, Trockenriege, Scheune etc.“; Mittelbauern: „Haus, 1-2 Pferde, 1-2 Kühe, 3-8 Schafe, kauft und verkauft kein Getreide“; Dorfarme: „1 Pferd oder Kuh, Hütte, Getreide reicht nie bis zur nächsten Ernte.“*[12]

Über die Zahl der Kulaken nach der Revolution geben die Bauernhaushalte, die zusätzliches Land pachteten, einen ungefähren Eindruck. Das waren (in Prozent)[13]:

Tabelle 4) Anteil der Bauern mit Zusatzpachtland

Jahr	Zusatzpächter
1922	2,8 %
1923	3,3 %
1924	4,2 %
1925	6,1 %

Kulak war ein russisches Schimpfwort und bedeutete soviel wie „Menschenschinder". Ökonomisch betrachtet war der Kulak jedoch ein Bauer, der Überschüsse produzieren konnte, während die „Mittelbauern" und erst recht die Kleinbauern nur Subsistenzwirtschaft betrieben.

In der Zeit vor der Revolution stammte 71 Prozent des Getreides, das auf den Markt kam, von feudalen Gutsherrn und von den Kulaken, die jedoch nur zwischen 5% und 7% der Bauernschaft ausmachten[14]. Dagegen konnte damals die große Masse der kleinen und mittleren Bauern nicht einmal 15 % ihrer Ernte als Überschuss verkaufen, 85 % produzierten sie für den Eigenbedarf.[15]

In der deutschen Ausgabe des „ABC des Kommunismus" wurde „Kulak" mit „Dorfwucherer" übersetzt. In diesem Buch von Bucharin und Preobrashenskij aus dem Jahr 1920 wurden die Kulaken sogar als *„Agenten des Weltkapitals"* bezeichnet, aber zwei Seiten weiter geben die gleichen Autoren zu: *„Der Kulak ist deswegen so mächtig im Dorf, weil er ein guter Landwirt ist."* [16]

1929 erklärte der Leiter der Landwirtschaftsabteilung im Gosplan, der zentralen Planungsbehörde, also gewiss einer, der es wissen musste: *„Jeder Mittelbauer blickt mit Neid auf das Kulaken-Gehöft mit seinen zwei Paar Ochsen, seinem guten Pflug, seiner Dreschmaschine, die mit Pferdekraft angetrieben wurde, und seinen einem oder zwei Knechten, und der Mittelbauer denkt, das ist die Verkörperung eines idealen Bauernhofes."* [17]

War also der russische Kulak nichts anderes als ein guter Landwirt? Selbstverständlich hat es auch Ausbeuter unter den Kulaken gegeben: Doch nur rund 2% aller Bauern beschäftigten in den Anfangsjahren der Sowjetunion noch Knechte.[18]

Bauernhaushalte, die fremde Arbeitskraft ausbeuteten, waren[19]:

Tabelle 5: Bauernhaushalte mit Knechten

Jahr	Bauern mit Knechten
1922	1 %
1923	1 %
1924	1,7 %
1925	1,9 %

In der Mehrzahl waren die Kulaken selbstwirtschaftende Bauern, die mehr erwirtschafteten als sie selber verbrauchten, denen also auch mehr weggenommen werden konnte und die trotzdem nicht davonlaufen konnten.

Das Geschrei gegen „Kulaken" war Tagespolitik und politische Taktik. Man schlug den Reiter und meinte das Pferd, den Bauern. Tatsächlich waren die Bauern insgesamt sowohl ein wirtschaftlicher Bremsklotz für die beschleunigte Industrialisierung als auch eine willkommene Beute für die „ursprüngliche Akkumulation". Auch der ärmste Bauer war *„potentiell ein Kulak"*, – so ein Bolschewik im Jahr 1918.[20] Wenn jeder russische Bauer ein potentieller Kulak war, gab das auch hinreichenden Grund, alle Bauern und nicht nur die Kulaken zu enteignen.

Als Folge der Getreidepreissenkung und der reduzierten Produktion von industriellen Konsumgütern bekam die Parteiführung nicht, wie sie gehofft hatte, die gleiche Getreidemenge im Austausch für weniger Industrieprodukte, sondern sie handelte sich eine erneute Getreidekrise und eine landesweite Hungersnot ein. Die Bauern waren mit dem niedrigen Getreidepreis nicht zufrieden und konnten für das wenige Geld, das sie bekamen, nichts kaufen. Sie verkauften daher ihr Getreide nicht. *„Der Bauer geht durch alle Geschäfte und schaut, was er kaufen kann, und je nach dem verkauft er einen Teil oder sein ganzes Getreide, das er mitgebracht hat."* [21]

Es gab andererseits keine staatlichen Getreidevorräte, die die Regierung in dieser kritischen Lage auf den Markt hätte bringen können. Die Stadtbevölkerung war von Hunger bedroht und murrte wieder.

In der „Geschichte der KPdSU"[22] wurde diese Versorgungskrise von 1927/28 allein der *„Rückständigkeit der Landwirtschaft"* angelastet. Die Wachstumszahlen der Industrie wären ja zur selben Zeit glänzend gewesen. Glänzend waren aber nur die Wachstumszahlen der Produktionsmittelindustrie. Die Sowjetführer hatten nicht begriffen – oder wollten nicht begreifen –, dass Produktionsmittelindustrie und Konsumtionsmittelindustrie ebenso aufeinander bezogen sein müssen wie die Industrie insgesamt auf die Landwirtschaft. Tatsächlich war die sowjetische Industrieproduktion zu wenig auf die Landwirtschaft ausgerichtet, und der Grund der Unterversorgung der Städte mit Getreide war eine Unterversorgung der Bauern mit für sie nützlichen Industriegütern.

Wieder griff die Partei wie während des Kriegskommunismus zum Mittel der militärischen Gewalt und requirierte das Getreide, das die Bauern nicht verkaufen wollten. Das konnte wie 1920 nur eine zeitweilige Lösung bringen. Nur mit verstärktem administrativem Druck konnte verhindert werden, dass die Bauern im folgenden Jahr die Getreideproduktion so sehr einschränkten, dass wenig übrig blieb, das man ihnen noch hätte wegnehmen können. *Diese Notsituation war die Geburtsstunde der Zwangskollektivierung der gesamten Bauernschaft.*

6.4. Zwangskollektivierung

Die Bauern wollten ihr Getreide nicht zu den bewusst niedrig festgesetzten Preisen verkaufen. Stalin und die Sowjetregierung schickten bewaffnete Parteitrupps auf die Dörfer, um Getreide und Lebensmittel zwangsweise einzuziehen. Die Bauern traten in Produktionsstreik und produzierten nur noch das Allernötigste für ihre eigenen Familien. Der Hunger kehrte wieder ein in Dörfer und Städte.

Anfang 1929 musste die Brotrationierung für rund 40 Millionen Menschen eingeführt werden. Noch im gleichen Jahr mussten fast alle anderen Lebensmittel ebenfalls rationiert werden.[23]. Noch im April 1931 war Brot, Getreide, Fleisch, Fisch, Zucker und Fett rationiert.[24]

Die Sowjetmacht steckte tief in einer hausgemachten Wirtschaftskrise, die im Westen nur deshalb kaum wahrgenommen wurde, weil auch der Kapitalismus inzwischen in eine weltweite Krise geraten war. Wie in jeder Krise brach innerhalb der sowjetischen Führung wieder ein offener Machtkampf aus.

Die Optionen, die die Sowjetregierung noch hatte, waren Verlangsamung der Industrialisierung und gute Beziehungen zu den Bauern, für diese Politik stand der Name Bucharin, oder beschleunigte Industrialisierung ohne Rücksicht auf die Bauern, dafür setzten sich Trotzki und seine Anhänger ein. Es war leicht, eine Mehrheit in der Partei gegen diese unpopuläre Wirtschaftspolitik zu bilden, und Trotzki und seine Anhänger aus der Partei auszuschließen. Es nützte Trotzki auch nichts, dass er sich gleichzeitig für demokratischere Herrschaftsmethoden eingesetzt hatte. Wie die Verhältnisse bewiesen, war sein antibäuerliches Programm gar nicht mit demokratischen Mitteln durchsetzbar, weil es den unmittelbaren Interessen der großen Bevölkerungsmehrheit widersprach. Das politische und das wirtschaftliche Programm Trotzkis passten nicht zusammen. Seine

Forderung nach „Demokratie" war eine Hülle, die seine Kernforderung nach *„Vermehrung der Produktionsmittel in Händen des proletarischen Staates"* [25] nur schlecht verhüllte.

Bucharins Politik der verlangsamten Wirtschaftsentwicklung war ebenfalls nicht im Sinne der Parteimehrheit. Seine Wirtschaftspolitik folgte den spontanen Interessen der bäuerlichen Bevölkerungsmehrheit. Dieses Programm war also im Wesen demokratisch. Aber gerade weil Bucharins Politik der Schonung der Bauern im Kern demokratisch war, widersprach diese Politik dem Selbstverständnis der bolschewistischen Partei und untergrub ihren Machtanspruch. Die Herrschaft der bolschewistischen Partei konnte sich nicht auf die bäuerliche Mehrheit stützen, weil die Interessen der Bauern mit den Industrialisierungszielen der Partei nicht vereinbar waren.

Auch Bucharin und seine Anhänger standen der Parteilinie im Weg und wurden kritisiert und ausgeschlossen.

Während die Parteimehrheit und Stalin noch nach Wegen aus ihrem politischen Dilemma suchten, gingen die Zwangsrequisitionen von Getreide auf den Dörfern weiter. Stalin und die Partei entschieden sich für das letzte Mittel, das sie hatten: militärische Gewalt. Der Entschluss zur Zwangskollektivierung und der Beschluss zur „beschleunigten Entwicklung der Produktionsmittelindustrie" wurden zur gleichen Zeit im gleichen krisenhaften Umfeld gefasst. Der innere Zusammenhang von beidem wurde von Preobraschenskij in der „ursprünglichen sozialistischen Akkumulation" ausgesprochen: Die Industrialisierung wurde auf Kosten der selbständigen Bauern beschleunigt. Preobraschenskij musste diese Enthüllung eines der Geheimnisse des Sowjetsystems mit dem Tod bezahlen[26].

Am 15. Mai 1928 wurde zum ersten Mal in einem ZK-Dokument[27] das Ziel der *„Vernichtung der Kulaken"* formuliert. Damit war aber gleichzeitig das Urteil über alle selbständigen Bauern gesprochen. Nicht nur die Kulaken wurden enteignet, sondern alle Bauern. Die Kulaken und alle Bauern, die aufmuckten, wurden erschossen, in Lager gebracht oder nach Sibirien deportiert.

Die verbliebenen Bauern wurden auf dem Land, auf dem sie arbeiteten, zu Lohnarbeitern der Sowchosen und Kolchosen zwangsverstaatlicht wie vorher die sowjetischen Arbeiter in den staatlichen Betrieben. Aber die sowjetischen Bauern hatten mehr verloren als die sowjetischen Arbeiter.

Die sowjetischen Arbeiter hatten nur die Gestalt ihrer Unmündigkeit gewechselt: Waren sie vor der Revolution dem Profitwillen kapitalistischer Unternehmer unterworfen, so wurden sie nach der Revolution von sowjetischen Planbürokraten bevormundet.

Die sowjetischen Bauern hatten durch die Revolution erst Land und Selbständigkeit gewonnen, und verloren jetzt beides. Sie wurden in Kolchosen und Sowchosen als Leibeigene des Staates gehalten.

Die Bauern rächten sich dafür in den verbleibenden Jahren der Sowjetunion mit hartnäckiger Lethargie, die in zunehmendem Maße zum Bleigewicht der wirtschaftlichen Entwicklung wurde.

Bis 1958 wurden die Agrarpreise von der Regierung bewusst so niedrig gehalten, dass die jetzt in Kolchosen und Sowchosen kollektivierten Bauern nicht ihre eigenen Unkosten decken konnten. Der Großhandelspreis für Kartoffeln war so tief, dass er nicht einmal die Transportkosten vom Acker zu Ankaufsstelle deckte.[28] Zwischen 1928 und 1948 erhielten die Kolchosenbauern z.B. für einen Doppelzentner Roggen höchstens 8 Rubel. Derselbe Doppelzentner wurde von der staatlichen Ankaufsstelle für 338 Rubel an die Mehlfabriken weiterverkauft. [29]

Da den Kolchosen und Sowchosen gleichzeitig feste Ablieferungsquoten vorgeschrieben waren, handelte es sich bei dem „Verkauf" ihrer landwirtschaftlichen Produkte tatsächlich um Zwangsabgaben oder staatlich organisierte Aneignung ihres Arbeitsprodukts.

Die Sowjetführer wollten von Anfang an dieselben Kommandomethoden, die im industriellen Produktionsprozess möglich sind, weil die große Maschinerie selber Arbeitsdisziplin einfordert, auf die Landwirtschaft übertragen, wo jedoch agrarische Kenntnisse und Eigeninitiative der Produzenten unbedingt erforderlich sind.

Auf einem von Majakowski getexteten städtischen Propagandaplakat[30] von Februar 1921 hieß es:

„Saatkampagne:
Erfüllen wir das Dekret!
Die Sowjetmacht gab uns den Plan.
Ich schließe sie ins Herz.
Wie es der Sowjetplan befiehlt,
säe ich überall."

Die Zwangskollektivierung organisierte nun die Landwirtschaft nach dem Vorbild der staatlichen Fabriken. Das Ziel Lenins, aus der ganzen Gesellschaft eine einzige Fabrik zu machen, war erreicht. Die Gesellschaftsmitglieder wurden mehr oder minder alle gleichermaßen zu Knechten gemacht, nicht die Gesellschaft von Knechtschaft befreit.

Mit den zwangsläufigen Missernten häuften sich die folgenlosen Klagen in der sowjetischen Presse[31]: *„Zu viele Anweisungen werden nach unten gegeben ... Besonders häufig ist die Vorschrift über die Größen der Weizenflächen ... Die Bauern haben kein Entscheidungsrecht über die Aussaat, ihnen werden exakte Direktiven gegeben, die sie strikt befolgen müssen ... Alles ist von oben geplant, die Feldfrüchte, die Anbauflächen, die Größe der Viehherden, die Wertschöpfung der*

Arbeit, Reparaturen, Dienstleistungen ...“

Nirgends zeigte sich das Scheitern der sowjetischen Direktivwirtschaft deutlicher als im Agrarbereich. Hier bestand ein echter, innerer „Systemvergleich“: Auf ihren privaten Parzellen mit *3 % der bebauten Fläche*, produzierten die Bauern im Jahr 1984 *in ihrer Freizeit 25 % der landwirtschaftlichen Produktion*. Dieselben Bauern erwirtschafteten in ihrer *Hauptarbeitszeit auf den 97 % Flächen der Sowchosen und Kolchosen*, wo ihnen moderne Technik zur Verfügung stand, *nur 75 % der landwirtschaftlichen Produktion.*[32] Pro Flächeneinheit produzierten die eigenständig wirtschaftenden Landwirte siebenmal mehr als die staatlich zwangsorganisierte Landwirtschaft.

Anfangs war die Kolchosen- und Sowchosenbauern von der Sowjetregierung im Interesse der industriellen Entwicklung ausgeplündert worden, seit Mitte der 60er Jahren musste die Landwirtschaft zunehmend aus dem Mehrprodukt der Industrie subventioniert werden.

Als in den 50er Jahren die Stagnation der Landwirtschaft die Weiterentwicklung der Industrie immer bedrohlicher behinderte, wurde ein zunehmender Anteil der staatlichen Investitionen in die staatliche und kollektive Landwirtschaft gelenkt:

1965 gingen 22 % der staatlichen Gesamtinvestitionen in die Landwirtschaft,
1980 waren es 27 %,
1986 waren es 26%.[33]

Aber die erhöhten Einsätze brachten immer geringere Resultate: betrug der landwirtschaftliche Produktionswert pro 1000 Rubel Investitionen 1965 noch *1069 Rubel*, so fiel er bis 1980 auf *381 Rubel.*[34]

Die Arbeitsproduktivität der staatlichen Landwirtschaft blieb extrem niedrig. Die „Sozialisierung“ der Landwirtschaft, das heißt die Steuerung der landwirtschaftlichen Arbeit von einer staatlichen Befehlszentrale aus, war gescheitert. Die Sowjetunion konnte ihre Bevölkerung nicht mehr mit der eigenen Landwirtschaft ernähren und musste große Mengen Getreide importieren.

Verlief in der Frühgeschichte des Kapitalismus die Enteignung der Bauern über viele Jahre schleichend und über ökonomische Mittel ohne direktes Eingreifen des Staates, so wurde diese unumgängliche Begleiterscheinung der Industrialisierung in der Sowjetunion in kurzer Zeit und unter staatlicher Gewaltanwendung durchgeführt. Nur der ökonomische Erfolg hätte dieses brutale Vorgehen nachträglich rechtfertigen können – wie der ökonomische Erfolg des Kapitalismus seine eigene blutige Vorgeschichte historisch rechtfertigt.[35]

Anstatt dass sich aber sowjetische Industrie und Landwirtschaft aufeinander zu entwickelten, wie es von Marx und Engels empfohlen und prognostiziert worden ist, entwickelten sie sich in der Sowjetunion auseinander und die sowjetische Landwirtschaft wurde dadurch immer mehr zum wirtschaftlichen Bleigewicht.

[1] Nove, Alec: An Economic History of the U.S.S.R., Harmondsworth 1972, S. 106.
[2] Stalin, zitiert nach Carr, E.H. and Davies, R.W.: A History of Soviet Russia. Vol. 9 + 10: Foundations of a Planned Economy (1926-1929) London 1. Ed. 1969, , S.53.
[3] zitiert nach Scheibert, Peter: Lenin an der Macht. Das russische Volk in der Revolution 1918 -1922. Weinheim 1984, S. 549, Anm. 102.
[4] vgl. Scheibert, Peter: Lenin an der Macht. Das russische Volk in der Revolution 1918-1922. Weinheim 1984, S. 143.
[5] Geschichte der KPdSU. Kurzer Lehrgang, S. 310.
[6] Scheibert, Peter: Lenin an der Macht. Das russische Volk in der Revolution 1918-1922. Weinheim 1984, S. 136.
[7] vgl. Scheibert, Peter: Lenin an der Macht. Das russische Volk in der Revolution 1918-1922. Weinheim 1984, S. 136.
[8] Geschichte der KPdSU Kurzer Lehrgang, S. 312
[9] E. Preobrazenskij: Die neue Ökonomik. Übersetzung der zweiten russischen Ausgabe von 1926. Berlin 1971, S. 74f.
[10] E. Preobrazenskij: Die neue Ökonomik. Übersetzung der zweiten russischen Ausgabe von 1926. Berlin 1971, S. 108.
[11] „...Was die Ökonomen ‚Vorgängige oder ursprüngliche Akkumulation' nennen, (sollte) ... aber ursprüngliche Enteignung genannt werden ..." Karl Marx: Lohn, Preis und Profit. MEW 16, S. 131.
[12] zitiert nach Scheibert, Peter: Lenin an der Macht. Das russische Volk in der Revolution 1918 -1922. Weinheim 1984, S. 132f.
[13] nach sowjetische Quellen, Nove, Alec: An Economic History of the U.S.S.R., Harmondsworth 1972, S. 108.
[14] Nove, Alec: An Economic History of the U.S.S.R., Harmondsworth 1972, S. 108.
[15] Nove, Alec: An Economic History of the U.S.S.R., Harmondsworth 1972, S. 111.
[16] Bucharin, Nikolaj I./Preobraschenskij Jewgenij A.: Das ABC des Kommunismus. Nachdruck der deutschsprachigen Ausgabe Wien 1920. Zürich o. J. S. 545 und S. 547
[17] zitiert nach Carr/Davies, 1975. , S. 257f
[18] vgl. Scheibert, Peter: Lenin an der Macht. Das russische Volk in der Revolution 1918-1922. Weinheim 1984, S. 134.
[19] nach sowjetische Quellen, Nove, Alec: An Economic History of the U.S.S.R., Harmondsworth 1972, S. 108.
[20] zitiert nach Scheibert, Peter: Lenin an der Macht. Das russische Volk in der Revolution 1918 -1922. Weinheim 1984, S.157.
[21] Sowjetisches Wirtschaftsmagazin von 1928, zitiert nach Carr, E.H. and Davies, R.W.: A History of Soviet Russia. Vol. 9 + 10: Foundations of a Planned Economy (1926-1929) London 1. Ed. 1969, S. 46.
[22] Geschichte der KPdSU. Kurzer Lehrgang, S. 356 ff.
[23] Nove, Alec: An Economic History of the U.S.S.R., Harmondsworth 1972, S. 201.
[24] Nove, Alec: An Economic History of the U.S.S.R., Harmondsworth 1972, S. 202.
[25] E. Preobrazenskij: Die neue Ökonomik. Übersetzung der zweiten russischen Ausgabe von 1926. Berlin 1971, S. 74.
[26] Zu seiner Ehre wäre noch anzumerken, dass er in den Kerkern der politischen Polizei beharrlich ein Schuldeingeständnis verweigerte und sich nicht wie Bucharin und andere ehemalige Revolutionäre in einem politischen Schauprozess zur Legitimierung des Stalin-Regimes missbrauchen ließ.
[27] Carr, E.H. and Davies, R.W.: A History of Soviet Russia. Vol. 9 + 10: Foundations of a Planned Economy (1926-1929) London 1. Ed. 1969, , S. 69
[28] Nove, Alec: The Soviet Economic System. Boston, Third Edition, 1986. S. 193.
[29] Nove, Alec: The Soviet Economic System. Boston, Third Edition, 1986., S.196

[30] abgedruckt in: Bucharin, Nikolaj I./Preobraschenskij Jewgenij A.: Das ABC des Kommunismus. Nachdruck der deutschsprachigen Ausgabe Wien 1920. Zürich o. J. S. 583.
[31] zit. nach Nove, Alec: The Soviet Economic System. Boston, Third Edition, 1986. S. 123
[32] Nove, Alec: The Soviet Economic System. Boston, Third Edition, 1986., S. 117.
[33] Nove, Alec: The Soviet Economic System. Boston, Third Edition, 1986., S. 125.
[34] Nove, Alec: The Soviet Economic System. Boston, Third Edition, 1986., S. 126.
[35] „Solcher Mühe bedurfte es, ... den Scheidungsprozess zwischen Arbeitern und Arbeitsbedingungen zu vollziehen, auf dem einen Pol die gesellschaftlichen Produktions- und Lebensmittel in Kapital zu verwandeln, auf dem Gegenpol die Volksmasse in Lohnarbeiter, in freie ‚arbeitende Arme'... Wenn das Geld, nach Augier, ‚mit natürlichen Blutflecken auf einer Backe zur Welt kommt' (Marie Augier: Du Crédit Public, Paris 1842), so das Kapital von Kopf bis Zeh, aus allen Poren, blut- und schmutztriefend." Karl Marx, Das Kapital I. MEW 23, 787f.

7. Das unvermeidliche Ende

Erstickungstod des Sowjetsystems

7.1. Extensives und intensives Wachstum

Es ist immer wieder zu lesen,[1] dass der anfängliche ökonomische Erfolg der Sowjetunion allein oder vor allem auf extensives Wachstum, also auf Ausdehnung des gesamtgesellschaftlichen Arbeitstages durch einfache Addition von Arbeitern und Maschinerie zurückzuführen sei. Das schließliche Scheitern der Sowjetwirtschaft hätte dann in dem Unvermögen gelegen, auf intensives Wirtschaftswachstum, also auf Steigerung der Arbeitsproduktivität umzuschwenken. Doch diese Meinung widerspricht den Tatsachen.

Steigerung der Produktivität heißt vor allem gesunkene Arbeitszeit, die ein bestimmtes Produkt erfordert. *„Der Wert der Ware ist bestimmt durch die Gesamtarbeitszeit, vergangene und lebendige, die in sie eingeht. Die Steigerung der Produktivität der Arbeit besteht eben darin, dass der Anteil der lebendigen Arbeit vermindert, der der vergangenen Arbeit vermehrt wird, aber so, dass die Gesamtsumme der in der Ware steckenden Arbeit abnimmt; dass also die lebendige Arbeit um mehr abnimmt, als die vergangene zunimmt. ...*

Diese Verminderung des in die Ware eingehenden Gesamtarbeitsquantums scheint hiernach das wesentliche Kennzeichen gesteigerter Produktivkraft der Arbeit zu sein, gleichgültig unter welchen gesellschaftlichen Bedingungen produziert wird. In einer Gesellschaft, worin die Produzenten ihre Produktion nach einem voraus entworfenen Plan regeln, ja selbst in der einfachen Warenproduktion würde die Produktivität der Arbeit auch unbedingt nach diesem Maßstab gemessen.“ [2]

Der erreichte Grad der Arbeitsproduktivität ist auch das wichtigste materielle Kennzeichen für den erreichten Entwicklungsgrad, die Reife einer Gesellschaft. Die jeweilige Fähigkeit einer Produktionsweise zur Steigerung der Produktivität ist ihr wichtigstes Erfolgskriterium.[3]

„Der wirkliche Reichtum der Gesellschaft und die Möglichkeit beständiger Erweiterung ihres Reproduktionsprozesses hängt ... nicht ab von der Länge der Mehrarbeit, sondern von ihrer Produktivität und von den mehr oder minder reichhaltigen Produktionsbedingungen, worin sie sich vollzieht.“ [4]

Die in einer Produktionsweise erreichte Produktivität des Arbeitstages bestimmt die Fruchtbarkeit der vorhandenen Arbeitszeit. Rückgang der Arbeitsproduktivität heißt daher Schrumpfen der Reichtumsquelle, Rückgang der Arbeitsproduktivität heißt wirtschaftlicher wie gesellschaftlicher Rückschritt.

Wäre die Sowjetwirtschaft nie in der Lage gewesen, produktiver, also zeitsparender zu produzieren, sondern hätte nur immer mehr Menschen in ihre Industrien eingesaugt und dadurch die Produktion gesteigert, hätte es tatsächlich nie wirtschaftlichen Fortschritt in der UdSSR gegeben. Das Experiment Sowjetunion wäre von Anfang ein Misserfolg gewesen.

In den Anfangsjahren der sowjetischen Industrialisierung war jedoch die Arbeitsproduktivität deutlich schneller gewachsen als die Zahl der Arbeiter. Im Zeitraum von 1926-1929 wurde das Industriewachstum im Staatssektor um 70 % gesteigert, gleichzeitig nahm die Arbeiterzahl nur um 23 % zu[5]. Also stieg in dieser Zeit die sowjetische Arbeitsproduktivität mit 47 % deutlich schneller als das extensive Wachstum (plus 23 %) durch Vermehrung der Arbeiter.[6]

Die Herstellung eines sowjetischen Großpanzers T-34 erforderte zum Beispiel im Jahr 1941 8.000 Manntage, aber nur 3.700 Manntage im Jahr 1943.[7]

Nach westlichen Angaben stieg die Arbeitsproduktivität in der UdSSR bis in die 70er Jahre schneller als in den USA und erreichte damals 50 % der amerikanischen Produktivität. Danach konnte der Abstand in der Produktivität nicht weiter verringert werden, sondern blieb ungefähr gleich groß.[8]

In Arbeitszeit ausgedrückt heißt das, dass die Arbeiter in der Sowjetunion zur Herstellung des gleichen Produkts rund doppelt so lange arbeiten mussten wie die Arbeiter in den USA.

Neuere Berechnungen zeigen, dass erst seit 1970 die Arbeitsproduktivität sank. 1970 begann der ökonomische Erstickungstod der Sowjetunion, der durch extensives Wachstum nur hinausgezögert wurde.

Tabelle 6: Extensive Wachstumsraten [9]

Zeit	UdSSR	USA
1966-1970	+ 4,1	+ 1,5
1971-1975	+ 4,2	+ 0,7
1976-1980	+ 3,6	+ 1,4
1982	+ 3,1	- 1,2

Tabelle 7: Intensive Wachstumsraten [10]

Zeit	UdSSR	USA
1966-1970	+ 1,1	+ 1,4
1971-1975	- 0,5	+ 0,3
1976-1980	- 0,8	+ 0,4
1982	- 1,1	- 1,5

Mindestens seit 1970 ging in der Sowjetunion die wirtschaftliche Produktivität zurück. Mindestens seit 1970 begann die innere Krise des Sowjetsystems. Der negative Produktivitätsfortschritt ist ein objektiver Gradmesser für die erlahmende wirtschaftliche und gesellschaftliche Dynamik und Lebenskraft der Sowjetunion. Das Sowjetsystem hatte seine Wachstumsgrenze erreicht und war seit 1970 Jahre am Absterben.

Im Einzelnen lassen sich für diese nachlassende Produktivität viele Einzelfaktoren finden. Fest steht, dass dabei *Mangel an menschlichen Ressourcen* wie z.B. Mangel an qualifizierten Kopfarbeitern *keine Rolle gespielt* hat, wie die Tabelle 8) zeigt.

Tabelle 8: Wissenschaftler und Ingenieure [11] *(pro 10.000 Beschäftigte)*

Zeit	UdSSR	USA
1950	14,7	26,2
1960	27,5	55,8
1970	66,0	61,5

Mit relativ wenigen Wissenschaftlern und Ingenieuren hatte die junge Sowjetwirtschaft in ihrer Frühzeit mehr technische Verbesserungen und Produktivitätssteigerungen erreicht als mit einer relativ hohen Zahl in ihren späten Jahren. Nicht die Anzahl der Wissenschaftler und Ingenieure war für die wirtschaftliche Dynamik entscheidend. Die sowjetischen Werktätigen verfügten insgesamt über den nötigen Sachverstand für eine Verwissenschaftlichung und Modernisierung der Produktion, aber die Planbürokraten konnten und wollten der Initiative der sowjetischen Werktätigen keinen Raum geben, weil das ihr wirtschaftliches und politisches Machtmonopol untergrub.

Die Planbürokraten tätigten Investitionen fast nur noch in Neuanlagen von ganzen Fabriken, die mit ihren bürokratischen Methoden leichter zu kontrollieren waren als die Modernisierung schon vorhandener Fabriken. Das war zu Beginn anders. Im Jahr 1928/29 gingen nur 30 % der industriellen Investitionen in Neugründungen von Fabriken.[12]

Die sowjetischen Betriebe durften kaum eigene Forschungs- und Entwicklungsabteilungen unterhalten. Innovationen waren allein Sache der Zentrale, die jede einzelne Verbesserung der Produktionstechnik oder ein Produkts erst akzeptieren und in den Plan aufnehmen musste. Nicht die kombinierte Intelligenz von Millionen sowjetischen Werktätigen zählte, sondern nur die Intelligenz von einigen zehntausenden verbeamteten Wissenschaftlern und Ingenieuren in den zentralen Forschungslabors.

Jede akzeptierte Innovation erforderte aber viele weitere Änderungen in den Plänen der Zuliefer- und Abnehmerbetriebe wie bei der Preisfestsetzung. Innovationen erleichterten vielleicht die Arbeit der Werktätigen oder verbesserten ein Produkt – für die Bürokraten aber vermehrten Innovationen die Arbeit und fielen ihnen zur Last. Die Existenz der Planbürokratie selber wurde zum Hindernis für Innovationen und Produktivitätsfortschritt. Die Existenz der Planbürokratie selber wurde zur Ursache für wirtschaftliche Stagnation und wirtschaftlichen Rückschritt.

Jede Innovation in bestehenden Sowjetbetrieben gefährdete die Erfüllung des laufenden Planes, der eine volle Auslastung der Kapazitäten voraussetzte, denn Produktionsumstellungen, d.h. Verbesserungen in der Produktionsweise wie Verbesserungen beim Produkt, machen zunächst Produktionsunterbrechungen unvermeidlich. Die Prämienvergabe war aber an die Erfüllung der Jahrespläne gebunden.

Außerdem richteten sich Gehalt und Prämien von leitenden Managern in den Unternehmen nach der Lohnsumme, also der Anzahl der Arbeiter. Direktoren, die die Produktion effektivierten und dadurch Arbeit einsparten, kürzten sich das Gehalt.

Gorbatschow veranschlagte im Jahr 1986 den Anteil der sowjetischen Fabrikanlagen, deren Produktivität fortgeschrittenes Weltniveau erreicht hatte, auf nur 13-15 Prozent der Industrie.[13]

7.2. Bringt Einsatz von Computern die Rettung?

Es gab im Westen Stimmen, die meinten, dass die Computertechnik der sowjetischen Planungsbürokratie eine neue Daseinsberechtigung und Legitimation verleihen könne, weil sie mit Computern endlich all das leisten könne, woran sie bisher gescheitert war.

So meinte Michael Kaser: *„Echte Änderungen der Koeffizienten erfordern* *so viele Wiederholungen, dass sie die Planbüros normalerweise nicht bewältigen können, solange nicht mehr Computer in der UdSSR allgemein verfügbar sind.“* [14]

Computer verschoben jedoch nur den Grenzwert, bei dem die Planbürokraten in der Datenflut erstickten. Computer beseitigen diese Grenze nicht. Tatsächlich sind Computer vielmehr eine technische Basis für die Demokratisierung aller Entscheidungen, weil jeder Computer dezentral die Zentralisierung aller Daten ermöglicht. Mit dem Computer hat grundsätzlich jeder Zugang zu allen gesellschaftlichen Daten – wenn diese nicht künstlich unter Verschluss gehalten werden.

Kapitalismus und Sowjetsystem bedürfen und bedurften wie jede Klassengesellschaft vor ihnen für die Zentralisierung und Auswertung der für Wirtschaft und Gesellschaft wichtigen Informationen noch einer Personalisierung in Gestalt einer zentralen Bürokratie- und Politikerklasse.

Mindestens seit es allgemein zugängliche Computer gibt, ist jedoch jede Bürokratie und jede herrschende Klasse überflüssig geworden: Ökonomen und Manager könnten alle ihre Erkenntnisse z. B. ins Internet stellen und jeder Einzelne von uns hätte Zugang zu allen Daten, die für den Gang der Gesellschaft von Bedeutung sind. PCs sind eine sachliche Grundlage für die Abschaffung jeder herrschenden Klasse, seien es die Staatsbeamten und Berufspolitiker im Kapitalismus oder die Planbürokraten im Sowjetsystem. Eine weitere Grundlage dafür ist ein ständig steigendes Bildungsniveau der Gesamtbevölkerung. In den entwickelten kapitalistischen Gesellschaften besteht kein Unterschied mehr zwischen dem Bildungsstand der Herrschenden und dem der Beherrschten. Der Informationsvorsprung unserer Politiker- und Managerklasse wird künstlich durch Monopolisierung von Informationen durch Geheimhaltung aufrechterhalten.

[1] Zum Beispiel in: Altvater, Elmar: Die Zukunft des Marktes. Ein Essay über die Regulation von Geld und Natur nach dem Scheitern des real existierenden Sozialismus. Münster 1991, S. 47f

[2] Karl Marx, Das Kapital III. MEW 25, S. 271.

[3] „Gemeinschaftliche Produktion vorausgesetzt, bleibt die Zeitbestimmung natürlich wesentlich. Je weniger die Zeit der Gesellschaft bedarf, um Weizen, Vieh etc. zu produzieren, desto mehr Zeit gewinnt sie zu andrer Produktion, materieller oder geistiger. Wie bei einem einzelnen Individuum hängt die Allseitigkeit ihrer Entwicklung, ihres Genusses und ihrer Tätigkeit von Zeitersparung ab. Ökonomie der Zeit, darin löst sich schließlich alle Ökonomie auf.“ Karl Marx, Grundrisse der Kritik der politischen Ökonomie, S. 89.

[4] Karl Marx, Das Kapital III. MEW 25, S. 828.

[5] Carr, E.H. and Davies, R.W.: A History of Soviet Russia. Vol. 9 + 10: Foundations of a Planned Economy (1926-1929) London 1. Ed. 1969, 9/10, S. 401.

[6] Carr, E.H. and Davies, R.W.: A History of Soviet Russia. Vol. 9 + 10: Foundations of a Planned Economy (1926-1929) London 1. Ed. 1969, , S. 519.

[7] Nove, Alec: An Economic History of the U.S.S.R., Harmondsworth 1972, S. 279.

[8] Bütow, H. (Hrsg): Länderbericht Sowjetunion, 1988. S. 360.

[9] aus: Buck, Trevor and Cole, John: Modern Soviet Economic Performance. Oxford 1987. S. 147f.
[10] aus: Buck, Trevor and Cole, John: Modern Soviet Economic Performance. Oxford 1987. S. 147f.
[11] nach: Bergson, Abram: Planning and Performance in Socialist Economics. The USSR and Eastern Europe. Boston 1989, S. 126.
[12] Carr, E.H. and Davies, R.W.: A History of Soviet Russia. Vol. 9 + 10: Foundations of a Planned Economy (1926-1929) London 1. Ed. 1969, Bd. 9/10, S. 434.
[13] Aspen Strategy Group: The Soviet Challange in the Gorbachev Era. London 1989, S. 42.
[14] Wirtschaftspolitik der Sowjetunion. Ideologie und Praxis. München 1970, S. 225.

7.3. Ausbeutung im Sowjetsystem

Die Verteidiger des Sowjetsystems behaupteten, dass mit der juristischen Abschaffung des kapitalistischen Eigentums und mit Beseitigung der Kapitalistenklasse als Kommandeure der Produktion die Ausbeutung der Lohnarbeit beseitigt worden sei: *„In den nationalisierten Betrieben werden die kapitalistischen Produktionsverhältnisse von sozialistischen abgelöst. Die zu gesellschaftlichem Eigentum gewordenen Produktionsmittel hören damit auf, Kapital zu sein. Die Arbeitskraft ist bereits keine Ware mehr. Die Arbeit wird aus einer Quelle der Bereicherung der Kapitalisten zur Arbeit für sich, für die Gesellschaft. Die Ausbeutung des Menschen durch den Menschen wird beseitigt. Der Mehrwert entfällt.“* [1] Diese Behauptungen widersprechen sowohl allen Erfahrungen der sowjetischen Werktätigen (=Produzenten) wie der Marxschen Theorie.

Zwar hat das Sowjetsystem das juristische Eigentum an den Produktionsmitteln von der Kommandogewalt über fremde Arbeit getrennt. Aber damit wurde nur eine Entwicklung vorweggenommen, die auch im Kapitalismus mit dem Anwachsen der Unternehmen notwendig wird: In Aktiengesellschaften wird das Kapitaleigentum (Aktionäre) von der Kommandogewalt (Manager) über die Lohnarbeit getrennt, ohne dass dadurch die Ausbeutung der Lohnarbeit beseitigt wäre:

„Dass nicht die industriellen Kapitalisten, sondern die industriellen Manager die Seele unseres Industriesystems sind, hat schon Herr Ure bemerkt. ...

Die kapitalistische Produktion selbst hat es dahin gebracht, dass die Arbeit der Oberleitung, ganz getrennt vom Kapitaleigentum, auf der Straße herumläuft. Es ist daher nutzlos geworden, dass diese Arbeit der Oberleitung vom Kapitalisten ausgeübt werde.“ [2]

„Die Aktienunternehmungen überhaupt – entwickelt mit dem Kreditwesen – haben die Tendenz, diese Verwaltungsarbeit der Manager mehr und mehr zu trennen von dem Besitz des Kapitals, sei es eigenes oder geborgtes. ...

Indem aber einerseits dem bloßen Eigentümer des Kapitals, dem Geldkapitalisten, der fungierende Kapitalist gegenübertritt und mit der Entwicklung des Kredits dies Geldkapital selbst einen gesellschaftlichen Charakter annimmt, in Banken konzentriert und von diesen, nicht mehr von seinem unmittelbaren Eigentümern ausgeliehen wird;

Indem andererseits aber der bloße ***Manager****, der das Kapital unter keinerlei Titel besitzt, weder leihweise noch sonst wie, alle realen Funktionen versieht, die dem fungierenden Kapitalisten als solchem zukommen, bleibt nur der Funktionär und verschwindet der Kapitalist als überflüssige Person aus dem Produktionsprozess."* [3]. Dass das Sowjetsystem erfolgreich bewiesen hat, dass der Kapitalist als überflüssige Person aus dem Produktionsprozess verschwinden kann, ist weder Beweis für die Überlegenheit des Sowjetsystems und noch weniger eine Beweis für die Beseitigung von Ausbeutung.

Im Sowjetsystem wie im Kapitalismus blieben, bzw. bleiben die Produzenten von allen wirtschaftlichen und politischen Entscheidungen ausgeschlossen. Im Sowjetsystem wie im Kapitalismus waren, bzw. sind die Produzenten weder Besitzer ihrer Arbeitsstätten, noch Eigentümer ihres Arbeitsprodukts. *„Das Produkt oder der Wert des Produkts der Arbeit gehört nicht dem Arbeiter."* [4] Welchen Nachweis bedarf es noch, dass die Werktätigen im Sowjetsystem Ausgebeutete waren?

Die verschmitzte Antwort der Sowjetideologen ist: Es gab aber keine Ausbeuter! Diese Behauptung macht allenfalls Sinn, wenn man einen umgangssprachlichen und unwissenschaftlichen Begriff von Ausbeuter unterstellt.

Da allein die sowjetischen Planerbürokraten über Verwendung und Verteilung des gesellschaftlichen Arbeitsprodukts entschieden, waren sie die Aneigner und Nutznießer dieses Arbeitsprodukts. Sie waren die wirklichen Eigentümer, auch wenn sie auf dieses Eigentum keinen juristischen Titel hatten.

Wesen und Macht des Eigentums liegt nicht in juristischen Titeln, sondern im Kommando der Nichtproduzenten über die Arbeit der Produzenten: *„das Eigentum, ... (ist nach) der Definition der modernen Ökonomen ... die Verfügung über fremde Arbeitskraft ..."* [5] Im Sowjetsystem hatten die Planerbürokraten die Verfügung über die Arbeitskraft der sowjetischen Werktätigen, also waren sie die ausbeutende Klasse.

Behauptet wurde, dass die Planerbürokratie nur als Treuhänder im Namen der Gesellschaft auftrat. Da jedoch die sowjetische Gesellschaft gegenüber diesen angeblichen Treuhändern keinerlei Weisungsrecht, keinerlei Macht hatte, handelte es sich nicht um echte Treuhänder, sondern um wirkliche Besitzer. Ihre Treuhänderschaft war nur der juristische Schein, der das wirkliche sowjetische *Herrschafts- und Knechtschaftsverhältnis, wie es unmittelbar aus der Produktion selbst hervorwächst,* [6] bemäntelte.

Von Sowjetideologen wird außerdem eingewandt, dass es zwar ein Mehrprodukt im Sowjetsystem gegeben habe, dieses Mehrprodukt sei aber zum Nutzen der Gesellschaft und nicht für privaten Luxus verwandt worden. Die Marxsche Kritik an Ausbeuterklassen kümmert sich jedoch wenig um die Verwendung dieser Ausbeute als vielmehr um ihre Herkunft und Quelle. Jedes Arbeitsprodukt, das ohne gleichen Gegenwert (Äquivalent) – aus fremder Arbeit angeeignet wird, ist Ausbeutung, egal wie das Arbeitsprodukt später vernutzt wird. Es bleibt die Tatsache, dass die Ausgebeuteten keinen Einfluss darauf haben, wofür ihr Arbeitsprodukt verwandt wird.

Es mag stimmen, dass die Planbürokraten nicht in großem materiellen Luxus gelebt haben. Die sowjetischen Werktätigen wurden weniger für privaten Luxus als für staatlichen Luxus ausgebeutet. Die sowjetischen Machthaber konnten zwar diesen Staatsluxus u.a. die gesamte Rüstungs- und Raumfahrtindustrie nicht materiell konsumieren – wie ein ägyptischer Pharao seine Pyramide nicht materiell konsumieren konnte. Machtentfaltung als staatlicher Luxus, nicht privater Luxus, war die Basis einer enormen sowjetischen Machtentfaltung, die von den Machthabern genossen und immateriell konsumiert wurde.

7.3.1. Notwendige Arbeit und Mehrarbeit

In allen Verhältnissen, in denen die Arbeit unfrei ist, also die Arbeiter einem fremden Willen unterworfen sind, teilt sich der Arbeitstag in eine Periode, die Marx notwendige Arbeitszeit nannte und eine Periode, die er Mehrarbeitszeit nannte. Dabei spielt es keine Rolle, ob man von dem Arbeitstag eines einzelnen Arbeiters oder dem gesellschaftlichen Arbeitstag eines ganzen Landes oder von der Jahresarbeitszeit eines Landes ausgeht.[7]

In der notwendigen Arbeitszeit schaffen die Arbeiter den Gegenwert für ihren eigenen Lebensunterhalt: *„Wir haben gesehen, dass der Arbeiter während eines Abschnitts des Arbeitsprozesses nur den Wert seiner Arbeitskraft produziert, d. h. den Wert seiner notwendigen Lebensmittel. ... Den Teil des Arbeitstages also, worin diese Reproduktion vorgeht, nenne ich notwendige Arbeitszeit, die während derselben verausgabte Arbeit notwendige Arbeit. Notwendig für den Arbeiter, weil unabhängig von der gesellschaftlichen Form seiner Arbeit.“* [8].

In der Mehrarbeitszeit produzieren sie ein Überschussprodukt: : *„Den Teil des Produkts ..., worin sich der Mehrwert darstellt, nennen wir Mehrprodukt.“* [9]

„Das Kapital hat die Mehrarbeit nicht erfunden. Überall, wo ein Teil der Gesellschaft das Monopol der Produktionsmittel besitzt, muss der Arbeiter, frei oder unfrei, der zu seiner Selbsterhaltung notwendigen Arbeitszeit überschüssige Arbeitszeit zusetzen, um die Lebensmittel für den Eigner der Produktionsmittel zu produzieren.“ [10]

„Nur die Form, worin diese Mehrarbeit dem unmittelbaren Produzenten,

dem Arbeiter, abgepresst wird, unterscheidet die ökonomischen Gesellschaftsformationen..." [11]

Der Wodka und die Datschen für die Partei- und Staatsführung wurden ebenso wie die Raumstation Mir von sowjetischen Werktätigen in ihrer Mehrarbeitszeit produziert. Dass die Mehrarbeitszeit für den privaten Lebensunterhalt der Herrschenden gering schien im Vergleich zum Aufwand, der für Rüstung und Raumfahrt getrieben wurde, konnte für keinen sowjetischen Ausgebeuteten ein Trost sein.

7.3.2. Sowjetisches und US-amerikanischer Mehrprodukt

Wie groß war nun das sowjetische Mehrprodukt? Nach Karl Marx ist die Berechnung zur Größe des Überschussprodukts kurzgefasst diese: „*Wir nehmen den ganzen Produktenwert und setzen den darin nur wiedererscheinenden konstanten Kapitalwert gleich Null. Die übrigbleibende Wertsumme ist das einzige im Bildungsprozess der Ware wirklich erzeugte Wertprodukt.*

Ist der Mehrwert gegeben, so ziehen wir ihn von diesem Wertprodukt ab, um das variable Kapital zu finden. Umgekehrt, wenn letzteres gegeben und wir den Mehrwert suchen.... So einfach ist die Methode..." [12]

Nicht in Wertgrößen, sondern in Produktmengen gerechnet, stellt sich das neugeschaffene Produkt eines (gesellschaftlichen) Arbeitstages als *neugeschaffenes Wertprodukt* dar, das sich in notwendiges Produkt und Mehrprodukt unterteilt.

Der Wert des gesellschaftlichen variablen Kapitals plus dem gesellschaftlichen Mehrwert, ist gleich dem totalen jährlichen Neuprodukt.

Oder:

Neuprodukt = notwendiges Produkt + Mehrprodukt.

Als Formel:

$$\textit{Neuprodukt} = v + m.$$

Das notwendige Produkt geht in den Konsum der Arbeiter ein, über das Mehrprodukt verfügt die jeweilige Ausbeuterklasse.

Wenn wir die Größe des sowjetischen Mehrproduktes berechnen wollen, dann geht das nach der Gleichung:

Mehrprodukt (M) = Neuprodukt – notwendiges Produkt (v).

Nun kennen wir weder das Neuprodukt der sowjetischen Industrie, noch die Größe des notwendigen Produkts, das heißt die Gesamtlohnsumme der sowjetischen Werktätigen. Was wir aber kennen sind einige relative Größen sowjetischer und US-amerikanischer Wirtschaftsdaten. Und diese Daten genügen, zwar nicht um die absolute Größe, aber um die *relative Größe des Mehrprodukts* der sowjetischen

Industrie im Vergleich zum Mehrprodukt der US-amerikanischen Industrie zu berechnen.

In den 80er Jahren arbeiteten in der sowjetischen Industrie rund 40 Millionen Werktätige, in der US-amerikanischen Industrie rund 22 Millionen Lohnarbeiter. Gehen wir einmal davon aus, dass sich die Arbeitszeit in beiden Ländern nicht unterschieden hat. Die in beiden Ländern in Bewegung gesetzte Arbeitsmenge verhält sich dann wie das Verhältnis ihrer Arbeiterzahlen, nämlich wie 1,8 : 1.

Bekannt ist weiterhin, dass die Arbeitsproduktivität der sowjetischen Industriearbeiter seit Mitte der 70er Jahren rund 55 % der Arbeitsproduktivität in der US-amerikanischen Industrie betragen hat.

Klar ist, dass zwei gleich große Gruppen von Arbeitern in gleicher Zeit und gleicher Produktivität auch gleiche Produktmengen herstellen. Falls eine Arbeitergruppe nur mit der Hälfte der Produktivität arbeitet, schafft sie nur die Hälfte des Produkts der produktiveren Vergleichsgruppe.[13]

Das sowjetische Neuprodukt betrug also wegen der geringeren Produktivität 55% des amerikanischen Neuprodukts. Allerdings muss diese Zahl wegen der entsprechend höheren sowjetischen Arbeiterzahl mit 1,8 multipliziert werden, weil doppelt so viel Arbeiter auch doppelt so viel Produkt produzieren. Als Gesamtwert ergibt sich:

Neuprodukt UdSSR = 0,55 x 1,8 Neuprodukt USA

Das Neuprodukt der sowjetischen Industrie war also 99 % oder gleich dem Neuprodukt der US-Industrie:

Neuprodukt UdSSR = Neuprodukt USA

Um das Verhältnis des jeweiligen Mehrprodukt zu berechnen, müssen wir von diesem Neuprodukt noch das notwendige Produkt abziehen.

In den Konsum der sowjetischen Arbeiter ging nach meiner groben Schätzung *weniger als 20 % der Produktmenge* ein, die die US-amerikanischen Industriearbeiter konsumierten. Bezeichnenderweise schwiegen sich alle sowjetischen Statistiken über einen internationalen Lohnvergleich aus.

Die notwendige Produktmenge der sowjetischen Industrie betrug dann pro Arbeiter 20 % der entsprechenden amerikanischen Größe. Diese Zahl muss wegen der höheren sowjetischen Arbeiterzahl ebenfalls mit 1,8 multipliziert werden. Denn eine doppelte Anzahl Arbeiter konsumiert auch eine doppelte Menge Produkt. Als Gesamtwert ergibt sich für das notwendige Produkt:

notwendiges Produkt UdSSR = 0,2 x 1,8 notwendiges Produkt USA;
also: notwendiges Produkt UdSSR = 0,36 notwendiges Produkt USA

In Worten: Die notwendige Produktmenge oder die Gesamtlohnsumme der sowjetischen Industrie betrug 36 % der notwendigen Produktmenge oder

Gesamtlohnsumme in der US-amerikanischen Industrie.

Diese Daten genügen für die folgende Berechnung. Für den Größenvergleich des sowjetischen Mehrprodukts mit dem US-amerikanischen setzen wir beliebige Zahlen in die amerikanische Formel ein und sehen dann, welche Größenverhältnisse sich daraus für die sowjetischen Verhältnisse ergeben. Angenommen die Größe des Neuprodukts der amerikanischen Industrie sei = 200 und das Mehrprodukt = 100.

Mehrprodukt USA = Neuprodukt minus notwendiges Produkt;
also: Mehrprodukt USA = 200 minus 100 = 100;

Für die relative Größe des sowjetischen Mehrprodukts eim Vergleich zu den USA ergibt sich dann:

Mehrprodukt UdSSR = Neuprodukt USA minus 0,36 mal notwendiges Produkt USA;
also: *Mehrprodukt UdSSR = 200 minus 36 = 164.*

Wir hatten hypothetisch angenommen, dass das Mehrprodukt der USA die Größe von 100 hat. Als relative Größe des Mehrprodukts der Sowjetunion ergibt sich dann eine Größe von 164. *Das Mehrprodukt, das die sowjetischen Industriearbeiter in den 80er Jahren für die Sowjetbürokratie schufen, war also um 1,64 mal größer als das Mehrprodukt, das die US-amerikanischen Industriearbeiter für das US-Kapital schufen.*

Arm waren in der Sowjetunion nur die sowjetischen Werktätigen. Das Mehrprodukt, das sie in der sowjetischen Industrie für die Planungsbürokratie schufen, war über die Hälfte größer als das Mehrprodukt der US-amerikanischen Lohnarbeiter.

Das erklärt vielleicht auch, wieso die Sowjetführer glauben konnten, in einem Produktionswettlauf, einem Rüstungswettlauf und einem Wettlauf im Weltraum die reichste und größte kapitalistischen Macht der Welt niederkonkurrieren zu können.

Im Lehrbuch Politische Ökonomie der Akademie der Wissenschaften der UdSSR von 1962 hieß es: *„Die notwendige Arbeit im Sozialismus ist die Arbeit für sich, die das notwendige Produkt schafft... Die Mehrarbeit ist im Sozialismus die Arbeit für die Gesellschaft; sie schafft das Mehrprodukt, das heißt das Produkt für die Gesellschaft....“* (S. 451) Ähnlich steht es im sowjetischen Lehrbuch von 1971 Politische Ökonomie des Sozialismus: *„Das Mehrprodukt dient dazu, die Bedürfnisse der Gesellschaft zu befriedigen und wird im Interesse der Werktätigen verwendet.“* (S. 204)

Tatsächlich handelt es sich überall und immer um Ausbeutung, wo der Arbeitstag in notwendige Arbeit und Mehrarbeit geteilt ist und die Produzenten nicht über die Verwendung ihres Mehrprodukts entscheiden können. Mit der Produktion eines Mehrprodukts sind Ausbeutung und Klassengesellschaften entstanden, und mit dem Verschwinden der Klassengesellschaften und der Ausbeutung verschwindet auch notwendig jedes Mehrprodukt.

Karl Marx war da ganz unmissverständlich: „*Die Beseitigung der kapitalistischen Produktionsform erlaubt, den Arbeitstag auf die notwendige Arbeit zu beschränken.*

Jedoch würde letztre, unter sonst gleichbleibenden Umständen, ihren Raum ausdehnen. Einerseits weil die Lebensbedingungen des Arbeiters reicher und seine Lebensansprüche größer. Andrerseits würde ein Teil der jetzigen Mehrarbeit zur notwendigen Arbeit zählen, nämlich die zur Erzielung eines gesellschaftlichen Reserve- und Akkumulationsfonds nötige Arbeit." [14]

Das gesamte Arbeitsprodukt gehört dann denen, die es erarbeiten, und die Produzenten selber bestimmen über die Verwendung ihres Arbeitsprodukts.

[1] Lehrbuch Politische Ökonomie, hrsg. von der Akademie der Wissenschaften der UdSSR. Vierte überarbeitete Ausgabe, Berlin 1964, S. 354.
[2] Karl Marx, Kapital III. MEW 25, S. 400
[3] Karl Marx, Kapital III. MEW 25, S. 401.
[4] Karl Marx, Theorien über den Mehrwert I., MEW 26.1, S. 43.
[5] Karl Marx, Dt. Ideologie, MEW 3, S. 32.
[6] Karl Marx, Kapital III. MEW 25, S. 799.
[7] Die Arbeit, die vom Gesamtkapital einer Gesellschaft tagaus, tagein in Bewegung gesetzt wird, kann als ein einziger Arbeitstag betrachtet werden. Karl Marx, Kapital I. MEW 23, 325.
[8] Karl Marx, Kapital I. MEW 23, S. 230-231.
[9] Karl Marx, Kapital I. MEW 23, S. 243.
[10] Karl Marx, Kapital I. MEW 23, S. 249
[11] Karl Marx, Kapital I. MEW 23, S. 231.
[12] Karl Marx, Kapital I. MEW 23, S. 232f.
[13] Unter Erhöhung der Produktivkraft der Arbeit verstehen wir hier überhaupt eine Veränderung im Arbeitsprozess, wodurch die zur Produktion einer Ware gesellschaftlich erheischten Arbeitszeit verkürzt wird, ein kleinres Quantum Arbeit also die Kraft erwirbt, ein größres Quantum Gebrauchswert zu produzieren. Karl Marx, Kapital I. MEW 23, S. 333.
[14] Karl Marx, Kapital I. MEW 23, S. 552.

8. Kritik der Kritik

Das Sowjetsystem in der historischen Kritik

Die Zahl der Kritiker des Sowjetsystems ist lang und es ist nicht möglich, sie hier aufzuzählen. Daher soll nur auf ein paar Stereotypen dieser Kritik im Folgenden noch kursorisch eingegangen werden.

8.1. „Restauration des Kapitalismus"

Seit der Polemik über die Generallinie der kommunistischen Weltbewegung der Kommunistischen Partei Chinas von 1963 wurde von Marxisten immer wieder behauptet, es sei in der Sowjetunion der Kapitalismus restauriert worden. Niemand, der diese These vertrat, konnte wesentliche ökonomische Unterschiede zwischen dem Sozialismus (?) vor dieser Restauration und dem Kapitalismus (?) nach dieser Restauration aufzeigen. Keiner, der diese These vertrat, konnte sie wissenschaftlich mit Hilfe einer systematischen Kritik der politischen Ökonomie begründen, wie sie Marx in seinen drei Bänden des Kapitals ausgeführt hatte.

Die Behauptung, die Sowjetunion sei kapitalistisch gewesen, war keine sachliche Feststellung, sondern eine polemische Verurteilung. Die Leute, die die das behaupteten, stützten sich nicht auf eine zusammenhängende Analyse der ökonomischen Verhältnisse, sondern auf die Aufzählung von Fällen illegaler privater Bereicherung und auf die Textkritik von Stellungnahmen sowjetischer Parteiführer, denen dann nur nachgewiesen wird, dass sie den Sprachgebrauch von Marx und Engels verlassen haben.

„Wenn man nur die Zeitungen und Zeitschriften der Sowjetunion aus den letzten Jahren durchblättert, kann man eine Unmenge Beispiele dafür finden, dass in der Gesellschaft der Sowjetunion nicht nur viele Elemente der alten Ausbeuterklassen bestehen, sondern auch neue bürgerliche Elemente in großer Zahl entstehen und sich die Klassendifferenzierung beschleunigt. Werfen wir zuerst einen Blick auf die verschiedenartige Tätigkeit der bürgerlichen Elemente aller Schattierungen in den volkseigenen Betrieben der Sowjetunion. Die leitenden Funktionäre mancher Fabriken und ihr Komplizen missbrauchen ihre Befugnisse, um mit den staatlichen Betriebsanlage und Materialien Untergrund-Werkstätten zu erreichten und eine private Produktion in Gang zu bringen... (Es folgen einige Fälle von offenbar abgeurteilten Wirtschaftskriminellen; W.B.) *Diese Beispiele zeigen, dass Fabriken, wo solche entartete Elemente hausen, zwar sozialistische Betriebe heißen, in Wirklichkeit aber bereits zu kapitalistischen Betrieben geworden sind, mit deren*

Hilfe diese Elemente sich bereichern.“ [1]

Wäre Karl Marx nach dieser Methode in seinem Kapital vorgegangen, dann hätte er zu dem Schluss kommen müssen, dass der Kapitalismus ein System der Betrüger und Diebe sei, schließlich sind das die häufigsten Delikte in diesem System. Und was ist denn schon damit bewiesen, wenn einzelne Sowjetführer von Profitinteresse oder Gewinnen daherredeten? Die Sowjetführer haben ihr Wirtschaftssystem so wenig verstanden, wie die Kapitalisten den Kapitalismus verstanden haben. Die Analyse eines Wirtschaftssystems lässt sich nicht mit Textkritik erledigen.

Die Sowjetwirtschaft unter den Kapitalismus zu subsumieren, ist nur eine Form der polemischen Verurteilung und versteht nicht die besonderen ökonomischen Verhältnisse in der Sowjetunion, sondern klagt sie nur an. Immerhin erfasst diese Theorie den richtigen Aspekt, dass das Sowjetsystem auch eine warenproduzierende Klassengesellschaft war, in der die Werktätigen ausgebeutet wurden. Aber anders als im Kapitalismus diente die sowjetische Warenproduktion nicht der privaten Bereicherung.

8.2. „Staatsmonopolistische Wirtschaft" oder „Staatskapitalismus"

Diese Theorie setzt eine Restauration des Kapitalismus in der Sowjetunion logisch voraus. Aber auch in dieser Begrifflichkeit werden die wesentlichen Unterschiede der Sowjetwirtschaft im Vergleich zu westlichen staatsmonopolistischen und staatskapitalistischen Erscheinungen verwischt.

Zwar hatte z. B. der deutsche Staatsapparat durch die Kriegswirtschaft im Ersten und im Zweiten Weltkrieg große Teile der Produktion staatlich verwaltet, zwar gibt es heute noch viele Staatsbetriebe wie die Bahn, die Post usw., aber dieser Staatskapitalismus kann und will nicht auf die Kapitalisten verzichten, und ihn beherrscht als wirtschaftliche Haupttriebkraft das kapitalistische Profitstreben.

Das Sowjetsystem wirtschaftete dagegen ganz ohne Kapitalisten und die Sowjetplaner hatten nicht die Wertseite der Produktion, also die Profitsteigerung im Auge, sondern mit der einseitigen Vermehrung der Produktionsmittel die Gebrauchswertseite der gesellschaftlichen Produktion.

Tony Cliff, einer der Vertreter dieser Theorie, findet in seiner Schrift (Staatskapitalismus in Russland) nur oberflächliche Gemeinsamkeiten zwischen Sowjetsystem und Kapitalismus wie Machtlosigkeit der Arbeiter, Akkordarbeit, Lohnspreizung etc. Cliff geht nirgendwo auf die wesentlichen ökonomischen Unterschiede zwischen sowjetischer und kapitalistischer Wirtschaft ein. Er kann darauf nicht eingehen, weil er die Funktionsweise der Sowjetwirtschaft nicht im

Zusammenhang untersuchte.

Bei dieser Theorie des Staatskapitalismus in der UdSSR handelt sich ebenfalls nur um eine polemische Verurteilung nicht um eine wissenschaftliche Analyse.

8.3. „Stalinismus"

Die Bezeichnung Stalinismus sagt so viel und so wenig über die Sowjetwirtschaft wie Fordismus über den Kapitalismus.

Mit dem Begriff Stalinismus weist man einem einzelnen Menschen die Schuld an grundlegenden historischen Veränderungen zu – wie andere Chruschtschow die Schuld für eine angebliche kapitalistische Restauration und wieder andere Gorbatschow die Schuld für den Zusammenbruch des Sowjetsystems zuweisen wollen.

Mir ist ein Rätsel, wie Leute, die sich auf Karl Marx berufen, eine solch oberflächliche Erklärung für so grundlegende gesellschaftliche Veränderungen geben können. Das gesamte Werk von Karl Marx ist eine permanente Widerlegung der Theorie, dass große Männer die Geschichte machen:

„Meine Untersuchung mündete in dem Ergebnis, dass Rechtsverhältnisse wie Staatsformen weder aus sich selbst zu begreifen sind noch aus der sogenannten allgemeinen Entwicklung des menschlichen Geistes, sondern vielmehr in den materiellen Lebensverhältnissen wurzeln...

Das allgemeine Resultat, das sich mir ergab und, einmal gewonnen, meinen Studien zum Leitfaden diente, kann kurz so formuliert werden:

In der gesellschaftlichen Produktion ihres Lebens gehen die Menschen bestimmte, notwendige, von ihrem Willen unabhängige Verhältnisse ein, Produktionsverhältnisse, die einer bestimmten Entwicklungsstufe ihrer materiellen Produktivkräfte entsprechen. Die Gesamtheit dieser Produktionsverhältnisse bildet die ökonomische Struktur der Gesellschaft, die reale Basis, worauf sich ein juristischer und politischer Überbau erhebt, und welcher bestimmte gesellschaftliche Bewusstseinsformen entsprechen.

Die Produktionsweise des materiellen Lebens bedingt den sozialen, politischen und geistigen Lebensprozess überhaupt.

Es ist nicht das Bewusstsein der Menschen, das ihr Sein, sondern umgekehrt ihr gesellschaftliches Sein, das ihr Bewusstsein bestimmt. ... Eine Gesellschaftsformation geht nie unter, bevor alle Produktivkräfte entwickelt sind, für die sie weit genug ist, und neue höhere Produktionsverhältnisse treten nie an die Stelle, bevor die materiellen Existenzbedingungen derselben im Schoß der alten Gesellschaft selbst ausgebrütet worden sind. Daher stellt sich die Menschheit immer nur Aufgaben, die sie lösen kann, denn genauer betrachtet wird sich stets finden, dass die Aufgabe selbst nur entspringt, wo die materiellen Bedingungen ihrer Lösung schon vorhanden oder wenigstens im Prozess ihres Werdens begriffen sind.“ [2] Wer diese Sätze nicht auch auf die Sowjetunion anwenden will, der misstraut entweder den grundlegenden Gedanken der Marxschen Theorie oder er meint, die Sowjetunion stehe außerhalb der Geschichte.

Stalin ist nur ein anderes Wort für den historischen Zufall, hinter dem die historischen Notwendigkeiten verdeckt bleiben. Gab es zu Stalins Zeiten nicht auch Menschen, die wie ein Gorbatschow dachten? Warum kamen damals diese frühen Gorbatschows nicht an die Parteispitze? Gab es nicht zu Gorbatschows Zeiten noch Stalinanhänger? Warum hatte die keine Chance mehr, an die Macht zu kommen?

Wer sich diese Fragen nicht stellt, und wer nicht erklären kann, warum z.B. der Terror Stalins nötig war für die Vernichtung des freien Bauerntums und den Aufbau der sowjetischen Produktionsmittelindustrie in einer Zeit des Hungers und der Entbehrungen in der Sowjetunion, der hat weder von Stalin noch von dem Sowjetsystem etwas verstanden.

8.4. „Kasernenkommunismus"

Die Bezeichnung Kasernenkommunismus oder Kommandowirtschaft ist Journalistenjargon, der zwar den allgegenwärtigen Despotismus der Sowjetwirtschaft richtig herausgreift, aber gleichzeitig die Entscheidungen der Planungsbürokratie als bloße Willkür hinstellt.

In dieser Ausdrucksweise hatten die Sowjetplaner scheinbar alle Freiheit in ihren Planungen und Direktiven. So sitzt diese Begrifflichkeit noch dem sowjetischen Mythos auf, der behauptet hat, dass sich in der Sowjetunion die Politik in Gestalt der Kommunistischen Partei die Wirtschaft untertan gemacht habe.

Meine Kritik des Sowjetsystems versuchte zu beweisen, dass ganz im Gegensatz zu diesem Mythos jede grundlegende Entscheidung der Sowjetplaner von den Umständen erzwungen war. Entgegen der Illusion, die die Sowjetplaner über sich und ihr Handeln im Kopf hatten und die sie als Modell für die ganze Welt hinstellten, war ihr Tun mehr oder minder von der jeweiligen wirtschaftlichen Lage erzwungen.

Wer das Sowjetsystem als Kasernenkommunismus oder Kommandowirtschaft bezeichnet, begreift weder diese wirtschaftlichen und historischen Zwänge, unter denen die Sowjetplaner handelten, noch die innere Logik dieses Systems. Er begreift weder die anfänglichen Erfolge der Sowjetwirtschaft noch die Notwendigkeit seines Scheiterns.

8.5. „Zentrale Planwirtschaft"

Auch dieser Begriff macht sich an einem äußeren Schein fest. Der normale Sprachgebrauch eines Satzes wie: *„Ich/wir plane/n, etwas zu tun"* weist schon durch die Logik der Sprache darauf hin, dass Planung notwendig die Identität des denkenden und handelnden Subjektes voraussetzt. Diese notwendige Einheit von denkendem und handelndem Subjekt wurde im Sowjetsystem (wie in jeder Klassengesellschaft) zerrissen: In der UdSSR planten die produzierenden (handelnden) Subjekte nicht, sie wurden verplant. Die planenden (denkenden) Subjekte dagegen handelten nicht, das heißt im Sinne der Ökonomie, sie produzierten nicht, sondern konsumierten nur.

Das Sowjetsystem stellte eine denkende/planende Minderheit der handelnden/produzierenden und damit verplanten Mehrheit gegenüber. Die sowjetische Logik hieß: *Die da oben planen, was wir zu tun haben.* Das war die Logik einer Klassengesellschaft. Diese Logik bedeutet notwendig Herrschaft und Unterdrückung, antagonistische Klassen und Anarchie. Überall, wo die handelnden Produzenten im Sowjetsystem nach eigenen Vorstellungen handelten, kamen sie den Vorschriften des Plans in die Quere. Die Zentrale Planung verlangte von den Werktätigen den Verzicht auf eigenes Denken und degradierte sie zu hirnlosen Produktionsmitteln, zu Produktionsvieh.

Insofern der Begriff zentrale Planung der offene Ausdruck einer Klassengesellschaft ist, die die herrschenden Planer den unterworfenen Produzenten gegenüberstellt, ist auch in diesem Begriff ein Körnchen Wahrheit. *Zentrale* Planung heißt immer und überall *despotische* Planung.

Auch die alten Babylonier mit ihrer Tempelwirtschaft hatten wie die Pharaonen und die chinesischen Kaiser mit ihrer zentralverwalteten Wirtschaft eine zentrale Planwirtschaft.

Den despotischen Charakter hatte das Sowjetsystem mit den ägyptischen Pharaonen und chinesischen Kaisern gemeinsam. Allerdings wollten diese Zentralplaner der Antike die patriarchalisch-bäuerliche Produktionsweise erhalten, während die modernen Sowjetplaner die kleinbäuerliche und kleinbürgerliche Produktionsweise zerstören wollten, um ihr Land zu industrialisieren und zu modernisieren.

8.6. „Sowjetsystem" oder sowjetische Produktionsweise

Alle linken Kritiker des Sowjetsystems wollen die Sowjetunion in die marxistische Zwangsjacke der historisch erlaubten Produktionsweisen (asiatische Produktionsweise – Sklavenhaltersystem, Feudalismus, Kapitalismus, Sozialismus) zwängen. Meine Kritik der politischen Ökonomie des Sowjetsystems schlüpfte nicht in diese Zwangsjacke und kam zu dem Ergebnis: *Das Sowjetsystem war eine eigene Produktionsweise mit eigenständigen Zielen und Methoden der Produktion und Verteilung, auch wenn es gemeinsame Merkmale mit anderen Produktionsweisen aufwies:*

- den Zentralismus der asiatischen Produktionsweise;
- die persönliche Unfreiheit der Produzenten des Sklavensystem (sowjetische Arbeitslager) und des Feudalismus (sowjetische Werktätige);
- die Warenproduktion des Kapitalismus;
- der für die gesamte Volkswirtschaft im Voraus geplante Einsatz der Ressourcen des Sozialismus.

Aber gleichzeitig wies das Sowjetsystem typische und wesentliche Besonderheiten auf, die es von jeder dieser historischen Produktionsweisen unterschied.

- die asiatische Produktionsweise waren stabile Bauerngesellschaften, die kaum akkumulieren konnten und wollten. Das Sowjetsystem war eine kurzlebige Industriegesellschaft mit enormen Akkumulationsraten.
- Sklaven und Leibeigene waren an persönliche Besitzer gebunden, die sowjetischen Werktätigen hatten keine persönlichen Besitzer. Ihr Besitzer war die Klasse der Planbürokraten insgesamt.
- Die Warenproduktion des Kapitalismus umfasst die ganze Wirtschaft und ist nach dem Profitprinzip organisiert. Die sowjetische Warenproduktion erfasste nur die Konsumtionsmittelindustrie und war nicht vom Profitprinzip beherrscht.
- Anders als in einer emanzipierten Gesellschaft ging die sowjetische Planung von einer kleinen Minderheit aus, nicht von der gesamten Gesellschaft, nicht von den wirklichen Produzenten. Die sowjetische Wirtschaft war nicht selbstverwaltet und die sowjetischen Produzenten waren nicht selbstbestimmt.

Das Sowjetsystem war eine eigene Produktionsweise, die eine nichtkapitalistische Industrialisierung in einer agrarisch geprägten Gesellschaft bewerkstelligte, indem die mit dem Staatsapparat verwachsene Planer-Bürokratie durch ständige despotische Eingriffe die Wirtschaft auf gesamtgesellschaftlicher wie auf betrieblicher Ebene steuerte.

Die ökonomischen Vorteile, die das Sowjetsystem gegenüber dem Kapitalismus bot, nämlich die volkswirtschaftliche Bündelung und Lenkung aller wirtschaftlichen Ressourcen, fielen ins Gewicht, als diese Ressourcen in der Sowjetunion relativ knapp waren und solange diese Ressourcen knapp waren. Aber diese ökonomischen Vorteile des Sowjetsystems mussten erkauft werden mit der Entmündigung und Bevormundung der wirklichen Produzenten, eine Despotie, die bis zur Zwangsarbeit getrieben wurde. Der staatliche Terror als Machterhalt wie als Produktivkraft ließ seit dem Tode Stalins nach, aber die wohlmeinende Despotie des Sowjetsystems musste dennoch in dem Maße drückender werden, je mehr das Sowjetsystem die Wirtschaft entwickelte, die Gesellschaft modernisierte und das Bildungsniveau der Werktätigen hob.

Verschärfte Akkumulation für die beschleunigte Industrialisierung war das einzige und das einzig sinnvolle Ziel des Sowjetsystems. Als die Industrialisierung erreicht war, stürzte sich die Sowjetunion ohne inneres Ziel in weltpolitische Abenteuer. Das Sowjetsystem hatte keine anderen Ziele und löste keine anderen Aufgaben als der Kapitalismus in den entwickelten Gesellschaften des Westens:

- Vereinfachung der Klassenverhältnisse durch Enteignung der traditionell selbständigen Produzenten (Bauern, Handwerker, Freiberufler) und ihre Verwandlung in gesellschaftliche Teilarbeiter, deren Arbeit nur kombiniert wirken kann;
- Hebung des Bildungsniveaus aller Werktätigen, Annäherung und Verbindung von Kopf- und Handarbeit im kooperativen Arbeitsprozess.
- Verwissenschaftlichung der gesellschaftlichen Produktion;
- Vereinfachung aller Leitungstätigkeiten in Wirtschaft und Gesellschaft;
- kurz: Entwicklung der gesellschaftlichen Produktionskräfte.

Das Versprechen der Emanzipation der Arbeiter konnten das Sowjetsystem und die russische Revolution ebenso wenig einlösen wie die Französische Revolution und der Kapitalismus ihr Versprechen von Gleichheit, Freiheit, Brüderlichkeit.

Das Sowjetsystem ist mit der Sowjetunion zusammengebrochen als es seine inneren Entwicklungsgrenzen erreicht und überschritten hatte. Das kapitalistische System hat bewiesen, dass es krisenfester ist. Der Kapitalismus wird nicht wie das Sowjetsystem kollabieren. Er kann nur von der lohnabhängigen Mehrheit der Gesellschaft abgeschafft werden als Schritt zu einer freien Gesellschaft von selbstbestimmt Arbeitenden.

Wal Buchenberg, im April 2003

[1] Die Polemik über die Generallinie der internationalen kommunistischen Bewegung. Beijing 1965. dt. Berlin 5. Aufl. o.J., S. 479 481.

[2] K. Marx, Kritik der politischen Ökonomie, MEW 13, 8f.

Verwendete Literatur

Altrichter, Helmut: Kleine Geschichte der Sowjetunion 1917-1991. München 1993.

Altvater, Elmar: Die Zukunft des Marktes. Ein Essay über die Regulation von Geld und Natur nach dem Scheitern des „real existierenden“ Sozialismus. Münster 1991.

Amalrik, Andrej: Aufzeichnungen eines Revolutionärs. Berlin 1983.

Andert/Herzberg: Der Sturz. Honecker im Kreuzverhör. Berlin. 2. Aufl. 1991.

Aspen Strategy Group: The Soviet Challange in the Gorbachev Era. London 1989.

Baran, Paul A.: Zur politischen Ökonomie der geplanten Wirtschaft.

Bergson, Abram: Planning and Performance in Socialist Economics. The USSR and Eastern Europe. Boston 1989.

Berkman, Alexander: Die Kronstadt Rebellion. (1923). o.O. o.J.

Bettelheim, Charles: Die Klassenkämpfe in der UdSSR. Band I, Oberbaum Vlg. 1975.

Briefwechsel Stalins mit Churchill, Attlee, Roosevelt und Truman 1941 - 1945. Berlin 1961.

Bucharin, Nikolai: Ökonomik der Transformationsperiode. (1920) Nachdruck Berlin 1990.

Bucharin, Nikolaj I./Preobraschenskij Jewgenij A.: Das ABC des Kommunismus. Nachdruck der deutschsprachigen Ausgabe Wien 1920. Zürich o. J.

Buck, Trevor and Cole, John: Modern Soviet Economic Performance. Oxford 1987.

Bütow, Hellmuth G. (Hrsg.): Länderbericht Sowjetunion. Schriftenreihe der Bundeszentrale für politische Bildung Bd. 263. Bonn 1988.

Carr, E.H. and Davies, R.W.: A History of Soviet Russia. Vol. 9 + 10: Foundations of a Planned Economy (1926-1929) London 1. Ed. 1969.

Cipolla/Borchardt (Hrsg.): Europäische Wirtschaftsgeschichte Bd. 5. Die europäischen Volkswirtschaften im zwanzigsten Jahrhundert. Stuttgart 1980.

Cliff, Tony: Staatskapitalismus in Russland. Frankfurt 1975.

Dallin, David J.: Sowjetische Außenpolitik nach Stalins Tod. Köln 1961.

Deutscher, Isaac: Zwischen den Blöcken. Der Westen und die UdSSR nach Stalin. Hamburg 1982.

Djilas, Milovan: Gespräche mit Stalin. Frankfurt 1963.

Drzymalla, Jürgen: Planung im sowjetischen Wirtschaftssystem. Frankfurt 1991.

Dwinger, Edwin Erich: Die Armee hinter Stacheldraht. Das sibirische Tagebuch. Jena 1929.

Dyker, David A.: The Future of the Soviet Economic Planning System. London 1983.

Erlich, Alexander: Die Industrialisierungsdebatte in der Sowjetunion 1924 - 1928. Frankfurt 1971.

Euromonitors Publications Ltd.: USSR Economic Handbook. London 1986.

Franz, Hermann: Herrschaft und Industriearbeit in der Sowjetunion und China. Frankfurt/New York. 1985.

Furler, Bernhard: Augenschein. Deutschsprachige Reisereportagen über Sowjetrussland 1917 - 1939. Frankfurt 1987.

Geschichte der Kommunistischen Partei der Sowjetunion. 2. Aufl. DDR 1973.
Geschichte der KPdSU (Bolschewiki). Kurzer Lehrgang. J.W. Stalin, Werke 15. Deutsche Erstausgabe Moskau 1938. Nachdruck Frankfurt 1972.
Geschichte. Lehrbuch für Klasse 9. Volk und Wissen, Berlin 1974.
Goldmann, Marshall I.: USSR in Crisis. The Failure of an Economic System. London 1983.
Gorbatschow, Michail: Perestroika. Die zweite russische Revolution. München 1987.
Gussarow, Wladimir: Mein Vater der Bonze. Frankfurt 1978.
Kaser, Michael: Wirtschaftspolitik der Sowjetunion. Ideologie und Praxis. München 1970.
Kerenski, Alexander F.: Die Kerenski-Memoiren. Russland und der Wendepunkt der Geschichte. Wien 1966.
Kindleberger, Charles P.: Geschichte der Weltwirtschaft im 20. Jahrhundert Bd. 4. Die Weltwirtschaftskrise. München 1973.
Kosta Jiri: Abriß der sozialökonomischen Entwicklung der Tschechoslowakei 1945-1977. Frankfurt 1978.
Kurz, Robert: Der Kollaps der Modernisierung. Vom Zusammenbruch des Kasernensozialismus zur Krise der Weltökonomie. Frankfurt 1991.
Länder der Erde. Politisch-ökonomisches Handbuch. 7. Aufl. DDR 1981.
Lenin:Ausgewählte Werke in 3 Bänden. (=LAW). DDR 1961.
Leonhard, Wolfgang: Die Revolution entläßt ihre Kinder. 4. Aufl. Köln, 1990.
Majakowski, W.: Ausgewählte Gedichte. Berlin 1946.
Mandel, Ernest: Marxistische Wirtschaftstheorie. 2. Bd. 1962. dt. Frankfurt 1979.
Martin, Helmut: Mao Tse-Tungs Notizen zum sowjetischen Lehrbuch Politische Ökonomie (1960). Hamburg 1975.
Marx, Karl: Grundrisse der Kritik der politischen Ökonomie. Berlin 2. Aufl. 1974.
Marx, Karl/Engels, Friedrich: Werke. Berlin 1956 ff. Marx-Engels-Werke (MEW).
Medwedjew, Roy: Aufzeichnungen aus dem sowjetischen Untergrund. Hamburg 1977.
Menon, Rajan: Soviet Power and the Third World. New Haven 1986.
Merz, Kai-Uwe: Das Schreckbild. Deutschland und der Bolschewismus 1917 bis 1921. Berlin 1995.
Nekrassow, Vladimir F. (Hrsg.): Berija. Henker in Stalins Diensten. Augsburg 1997.
Nicolaus, Martin: Restoration of Capitalism in the USSR. Chicago, Liberator Press. 1975.
Nove, Alec: An Economic History of the U.S.S.R., Harmondsworth 1972.
Nove, Alec: The Soviet Economic System. 3. Edition. London 1986.
Pipes, Richard: Russland vor der Revolution. Staat und Gesellschaft im Zarenreich. München 1984.
Penkaitis, Norbert: Neuausrichtung der sowjetischen Agrarpolitik unter Gorbatschow. Eine Übersicht über die Maßnahmen im Agrarbereich. Berlin 1987.
Politische Ökonomie. Lehrbuch. Nach der vierten russischen Ausgabe. Berlin 1964.
Politische Ökonomie des Sozialismus. Berlin 1973.
Politische Ökonomie des Sozialismus und ihre Anwendung in der DDR. Frankfurt 1970.

Politische Ökonomie des Sozialismus und ihre Anwendung in der DDR. Frankfurt 1970.

Preobrazenskij, E: Die neue Ökonomik. (1926) Nachdruck Berlin 1971.

Preobrashenskij, E: UdSSR 1975. Ein Rückblick in die Zukunft. (1922) Berlin 1975.

Raiklin, Ernest: After Gorbachev? A Mechanism for the Transformation of Totalitarian State Capitalism Into Authoritarian Mixed Capitalism. Washington 1989.

Ruffmann, Karl-Heinz: Sowjetrußland 1917-1977. (dtv-Weltgeschichte des 20. Jahrhunderts). 9. Aufl. München 1981.

Santalov/Segal: Sovietunion Year-Book 1929. London.

Santalov/Segal: Sovietunion Year-Book 1930. London.

Santalov/Segal:Sovietunion Year-Book 1928. London.

Scheibert, Peter: Lenin an der Macht. Das russische Volk in der Revolution 1918-1922. Weinheim 1984.

Scholmer, Joseph: Arzt in Workuta. Bericht aus einem sowjetischen Straflager. München 2. Aufl. 1981.

Serge, Victor: Für eine Erneuerung des Sozialismus. Nachdruck Hamburg 1975.

Shtromas, Alexander and Kaplan, Morton A.: The Soviet Union and the Challange of the Future. Vol. 2: Economy and Society. New York 1989.

Shub, David: Lenin. Eine Biographie. Wiesbaden 1962.

SMOT – Das unterirdische Feuer. Texte der russischen Gewerkschaftsopposition. Samisdat-Archiv. Berlin 1985.

Solschenizyn, Alexander: Der Archipel Gulag. Bern 1974.

Sowjetunion 1973. Innenpolitik – Wirtschaft – Außenpolitik. Analyse und Bilanz. München 1974.

Stalin, J.W.: Ökonomische Probleme des Sozialismus in der UdSSR. Peking 1972.

Stalin, J.W.: Briefe an Molotow 1925 – 1936. Hrsg. von L.T. Lih, O. Naumow u. O. Chlewnjuk. Moskau 1995. dt. Berlin 1996.

Steinberg, Isaak: Gewalt und Terror in der Revolution. (Berlin 1931). Nachdruck Berlin 2. Aufl. 1981.

Swetlana Allilujewa: 20 Briefe an einen Freund. Zürich 1967.

Tarnow, Alexander von: Demokratie in der Illegalität. Die Chronik der laufenden Ereignisse – ein Untergrund-Informationsblatt in der Sowjetunion. Stuttgart 1971.

The Federal Institut for Soviet and International Studies: The Soviet Union, 1988-1989. Perestroika in Crisis? San Francisco 1990.

Todd, Emmanuel: Vor dem Sturz. Das Ende der Sowjetherrschaft. Frankfurt 1977.

Torke, Hans-Joachim: Historisches Lexikon der Sowjetunion 1917/22 bis 1991. München 1993.

Trotzki, Leo: Mein Leben. 1. Aufl. 1929. Frankfurt 1974.

Trotzki, Leo: Stalins Verbrechen. Berlin 1990.

Ulam, Adam B.: Dangerous Relations. The Soviet Union in World Politics, 1970 – 1982. New York 1983.

Weißberg-Cybulski, Alexander: Im Verhör. Ein Überlebender der stalinistischen Säuberungen berichtet. Wien 1993.

Werth, Alexander: Russland im Krieg 1941 – 1945. Gütersloh o.J.

Wolfe, Bertram D.: Lenin, Trotzkij, Stalin. Drei, die eine Revolution machten. Frankfurt 1965.

Wolkogonow, Dimitri: Lenin. Utopie und Terror. Düsseldorf 1994.

Wörterbuch der Ökonomie – Sozialismus. DDR 2. Aufl. 1969.